残照

「ストレス」概念を普及させた生理学の巨人・杉靖三郎

杉晴夫 編著

22世紀アート

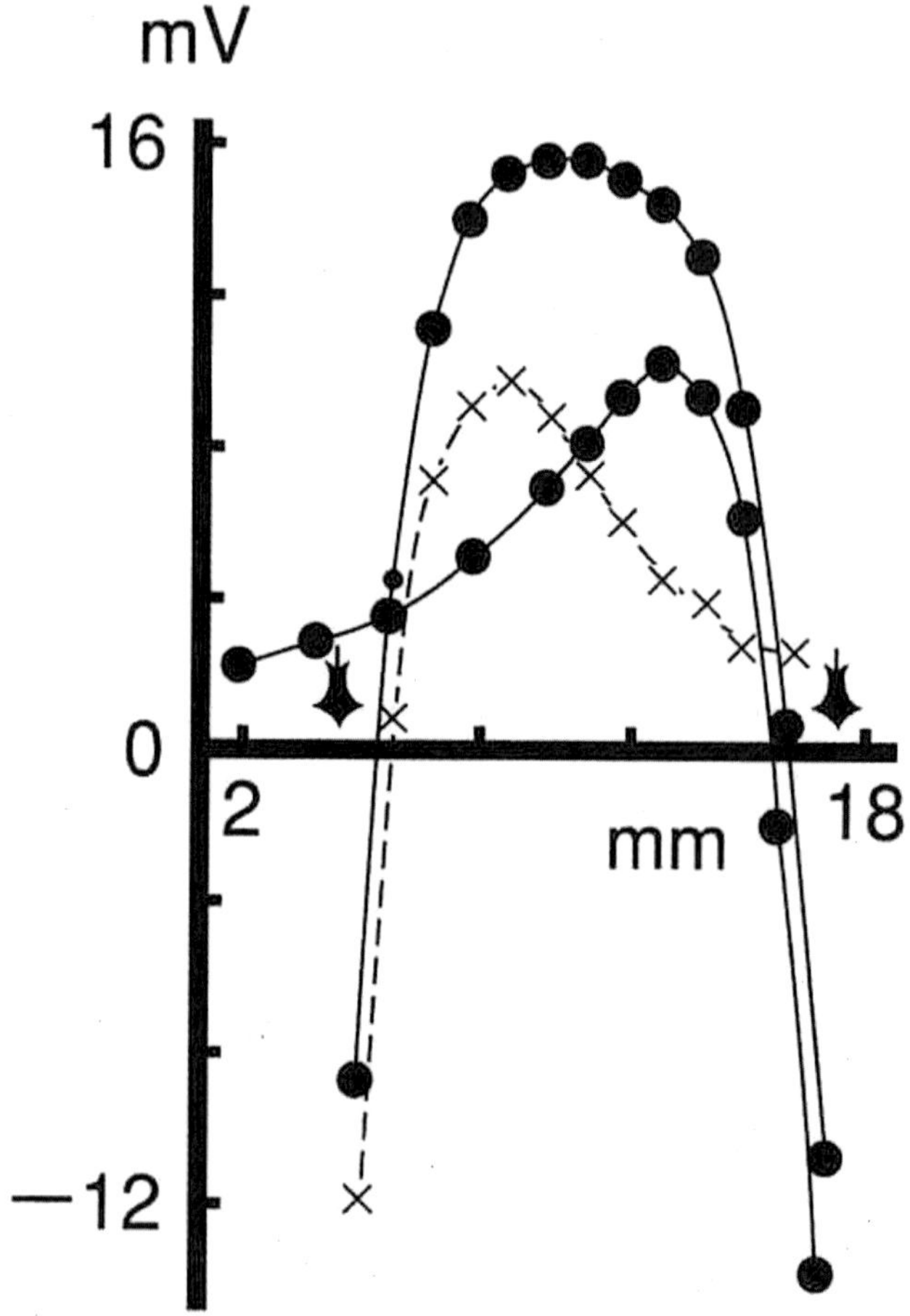
mV
16
0
−12
2
mm
18

自宅にて（平成10年頃）

東大受験写真（大正14年1月）

父、渡辺元吉と

第二高等学校時代、前列右端（大正13年1月）

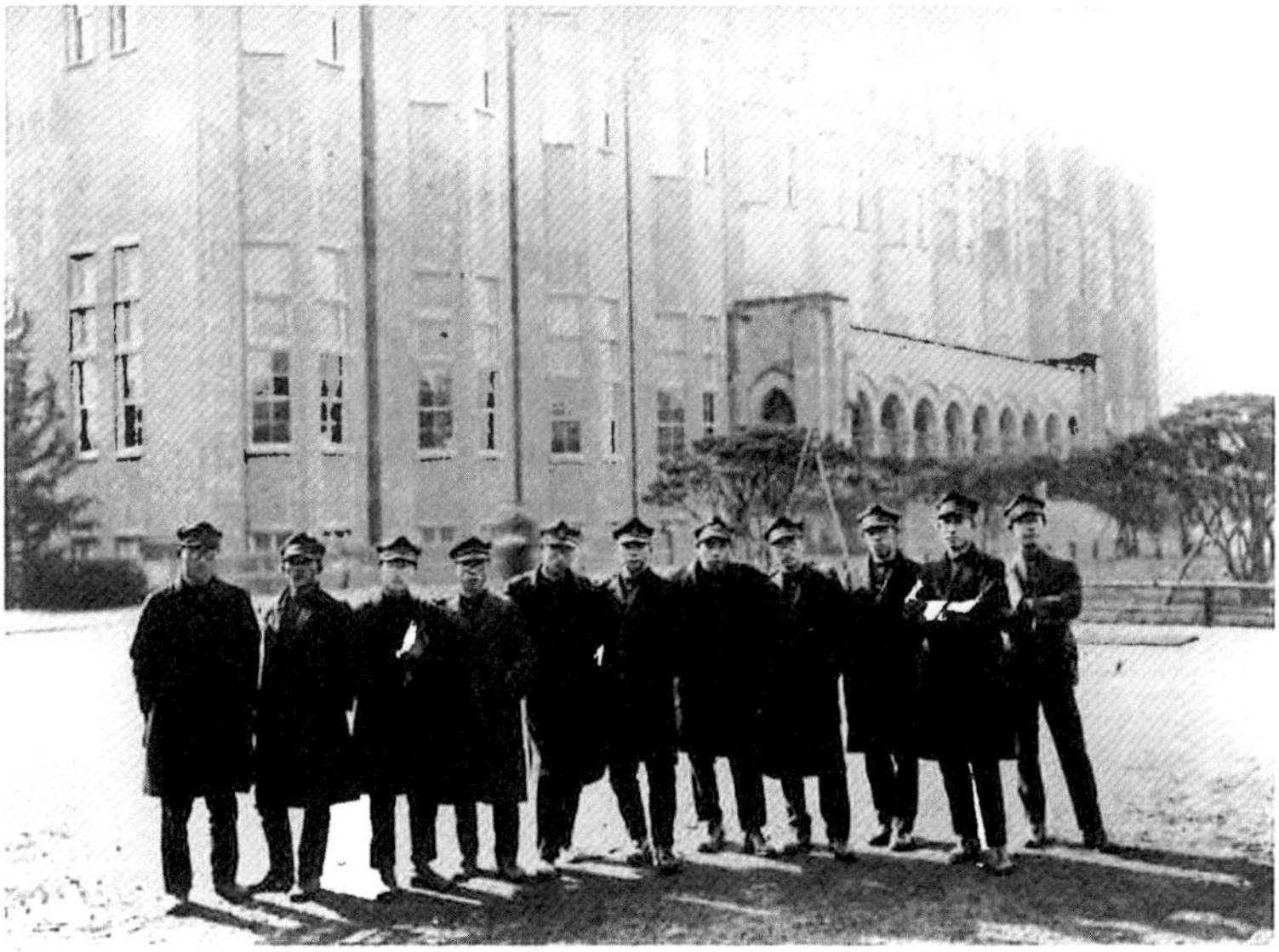

東京大学医学部卒業（図書館前にて）左より五人目（昭和4年3月）

東京大学附属病院物療内科にて、前列左端（昭和4年）

橋田邦彦先生書

上、「生命と科学」の巻頭に橋田
先生が書かれた書（昭和16年）。
中、生理学教室での橋田先生
下、橋田先生との研究

上、橋田先生との中国訪問
（昭和18年10月）
下、生理学教室での研究、
毛細管電位計をのぞいている。
父は私を実験の見学につれて
いってくれた。

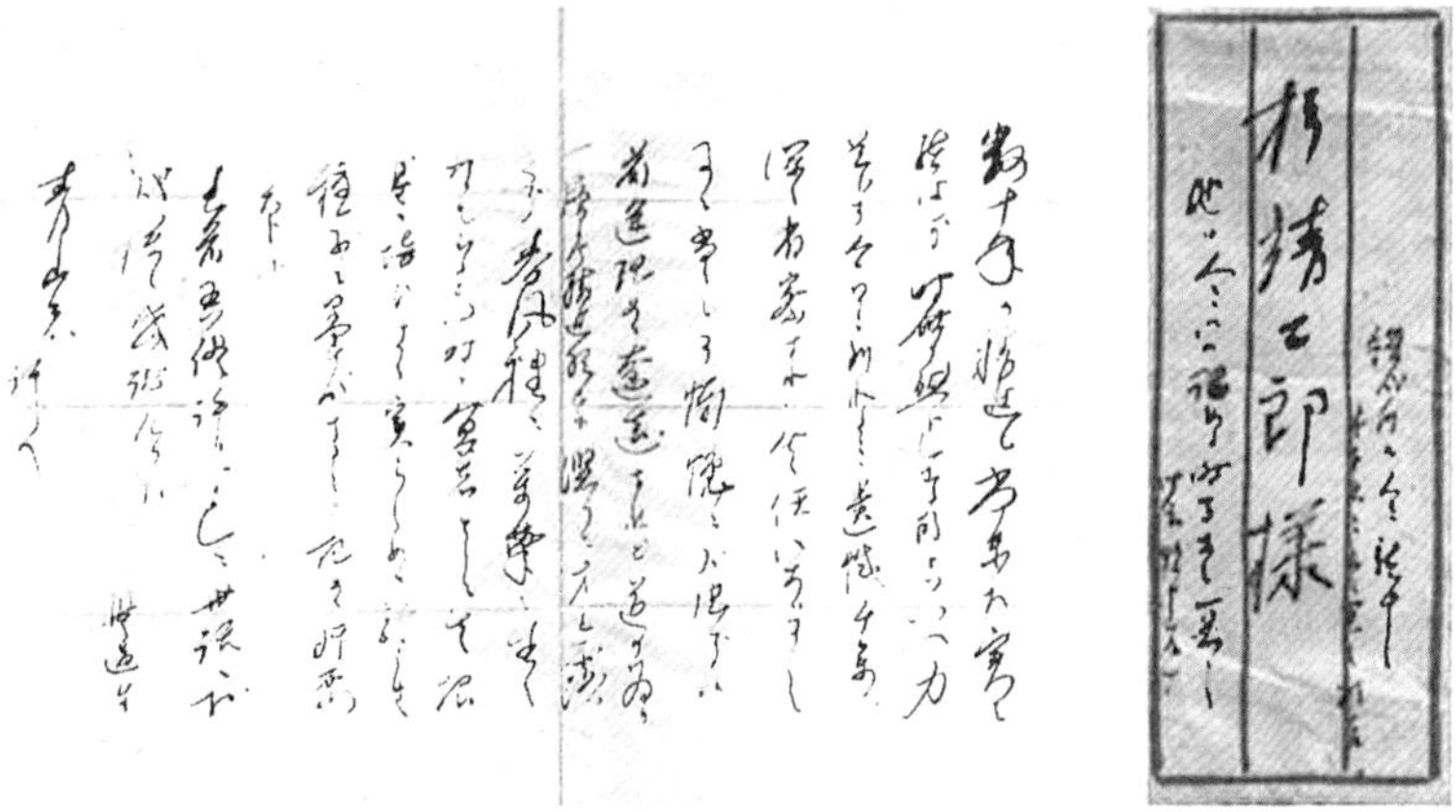

橋田先生の杉靖三郎宛の御遺書

橋田先生生誕百年の会、前列右端（昭和57年３月14日）

東大構内にて、右は本川弘一

日本医師会にて（前列中央は竹見太郎会長、昭和46年10月）

ハンス・セリエ教授（左から２人目）と共に（明治神宮にて，昭和57年４月）

左より田崎一二、バーナード・カッツ、杉靖三郎、富田恒雄、杉晴夫
（池袋 聴珍樓にて、昭和60年３月15日）

叙勲後、夫妻で皇居にて（昭和51年11月）。

米寿を祝う会（国際文化会館にて、平成５年５月23日）。
前列左より入来正躬、酒井敏夫、佐藤昌康、高木貞敬、江橋節郎、
名取礼二、杉靖三郎、内薗耕二、田中英彦、深山幹夫、藤本克巳、
二列目左より杉美加、杉行夫、杉晴夫、江橋夫人、本川達雄、
藤田紀盛、藤田夫人、藤本夫人、深山夫人、武宮夫人、竹宮隆、
三列目左より杉英夫、杉康子、杉道夫、杉寿美子、杉恵子、杉美保、
杉暉夫、杉時夫

皿（百才の青春）、茶碗（日々是好日）

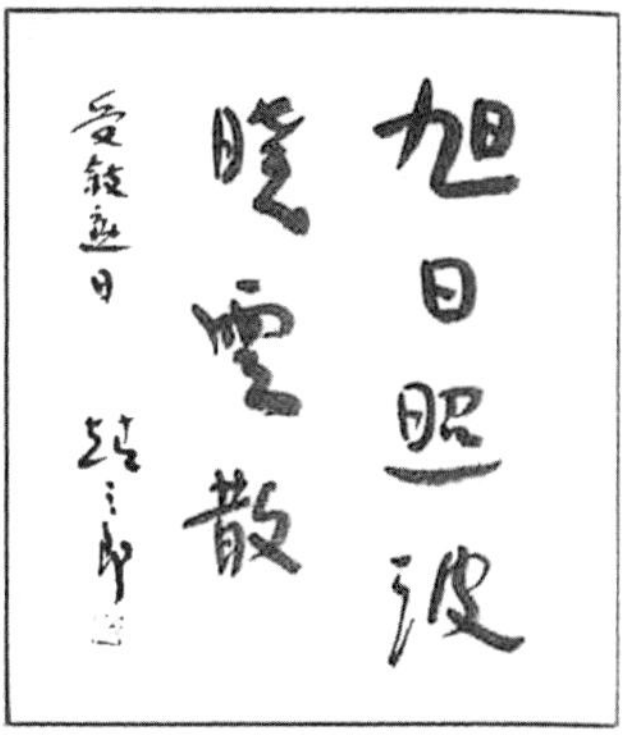

叙勲の日に書いた書

世界医師会（ハバナ）にて
（昭和32年10月）

万里の長城にて

父、渡辺元吉の五十年祭（昭和63年10月30日）

ケルン大学にて 中央の女性はメルボルンオリンピック優勝者

講義

講義

教育大学卒業生と共に（昭和32年3月）。

右上、三崎臨界実験所にて、
左から深山幹夫、杉、田中英彦
(昭和30年頃)。
左上、大正十四年会（医学部
同窓会)東北旅行、島薗順雄と。
左、同じく同窓会東北旅行、
熊谷洋と（昭和63年秋)。

座談会にて、左から２人目杉、４人目田村秋子、６人目杉村春子、
７人目芥川比呂志（昭和30年頃)。

テレビスタジオにて、左より杉、石井好子、芦原邦子

テレビスタジオにて、左より近藤日出造、渡辺伸一郎、
奥野誠亮、杉、徳川無声、佐藤ハチロー

テレビスタジオにて、左より岩崎加根子、杉、轟夕起子

目次

はしがき

父、杉靖三郎が九十六歳の長寿を保った後死去いたしましてから早くも一年が過ぎようとしております。振り返ってみますと、父の生涯は決して平坦なものではありませんでした。幼少時、母方の親戚の養子として韓国の蜜陽に渡りましたが、養父母の死去により養子先の姓を継いで実家に戻り、長じて東京大学医学部橋田研究室で学究生活を目指しました。しかし時局の変化により、恩師橋田先生とともにその活動を研究室外に大きく広げることとなりました。このため終戦後は多くの困難に見舞われましたが、これを克服し、その後長年にわたる東京教育大学（現筑波大学）体育学部での教育・研究、また一般の人に対する著作・講演・ラジオ・テレビなど多彩な媒体を通しての医学知識の普及・啓蒙へとその活動を更に大きなものへと展開させました。

私は縁あって父がおりました東大医学部生理学教室に十年以上にわたり勤務し、また当時は年少でしたが、戦時中、父が東大や文部省でいきいきと活躍していたこともよく記憶しております。現在も世界各国で生理学の研究に使用されている「隔絶箱」は父が東大時代に創案したものです。また、現在も広く用いられている「科学する」あるいは「科学する心」という表現は、戦時中父が橋田先生とともに著作や講演活動により一般に普及させたものです。さらに、「ストレス」の概念を我国に紹介し、ストレス学説の提唱者であるセリエ博士を招聘して、この考えを広く一般に普及させました。不屈の、そして多彩な足跡を残した生涯でした。

父は長命いたしましたので、東大医学部同窓の方々や生理学教室で研究生活を共にした方々の多くは既に故人となっておられます。それにもかかわらず、父の東大生理学教室時代をよく御存知の何人かの先生方から追悼文をお寄せいただきました。なかにはご健康が優れない方もおられましたが、ご執筆を快くお引き受けくださいました。これらの先生方に心より感謝申し上げます。

東京教育大学で父の講義や研究指導を受けた方々からもたくさんの追悼文をお寄せいただきました。これらを拝読しますと、思いやりがあり心の温かい父の姿が偲ばれます。また、学外の活動で関わりを持った方々からお寄せいただいた追悼文からは、父の多彩な活動ぶりとマネージメント全般に対する万能ぶりがよくうかがえます。このように多方面の皆様からお心のこもった追悼文を多数お寄せ頂き、さぞ父も喜んでいることと存じます。心より御礼申し上げます。

本書を編集するにあたり父の生涯を回想いたしまして、私はこの刊行の機会に、皆様の追悼文の収録にとどまらず、父の生涯の活動を要約して皆様にお読みいただくことが故人の心にかなうのではないかと考えました。そこでやや異例ながら、父の著作からその主要な活動をよくあらわすと考えられるものを選んで本書の前半部に加え、これに対応して末尾には私から見た父の生涯を回想した拙文を加えさせていただきました。文中には客観的でない偏った部分も多々あるかと存じますが、私なりに父への思いをこめて書き上げましたので御海容のほどお願い申し上げます。また、父が生前好んで描いておりましたスケッチの一部を巻末に掲載いたしました。

おわりに、父の長い生涯を通じてその多方面にわたる活動を支えてくださいました皆様に心から感謝いたしますとともに、本書によって皆様が父の活動に対する理解を深めてくださることを心から願っております。

平成十五年五月二十日

杉　晴夫

（帝京大学医学部教授、生理学）

杉　靖三郎　略歴

明治三九年一月六日　渡辺元吉、時子の三男として大阪府堺市に生まれる。四才の時、母方の実家杉家の養子となり、一四才の時、杉姓を継ぐ。

大正一四年三月　杉浦重剛創設の日本学園中学校を経て、第一高等学校理科乙類卒業。同年四月、東京帝国大学医学部医学科入学。

昭和四年三月　東京帝国大学医学部医学科卒業。医師免許授与。同年四月、東京帝国大学付属病院物療内科学教室（主任、真鍋喜一郎教授）副手。

昭和六年四月　東京帝国大学医学部生理学教室（主任、橋田邦彦教授）に移る。橋田教授に師事し、電気生理学専攻。

昭和七年九月　東京高等師範学校非常勤講師（健康教育担当）。

昭和九年四月　東京文理科大学非常勤講師（人間生理学担当）。

昭和一四年三月　東京帝国大学医学部医学科大学院卒業、「骨格筋の損傷電位に関する研究」により医学博士の学位授与。
昭和一四年一一月　東京帝国大学医学部医学科助手。
昭和一五年一〇月　文部省国民精神文化研究所研究員（科学文化部主任）。
昭和一八年二月　文部省教学練成所練成官。
昭和一九年二月　東京帝国大学医学部医学科講師。
昭和二一年六月　米国進駐軍の命令により公職追放、東京大学講師解任。
昭和二二年七月　株式会社医学書院に勤務（編集長）。
昭和二六年四月　日本医師会編集委員長（以後昭和五八年三月まで三二年間在任）。
昭和二七年五月　東京教育大学体育学部教授（健康教育学、運動生理学担当）。
昭和三一年九月　世界医師会（ハバナ）に日本代表として出席。
昭和三一年一二月　ストックホルム大学
ソッターマン教授の研究室にて共同実験。
昭和四〇年九月　世界医師会（マドリッド）に日本代表として出席。
昭和四四年一月　世界医師会（フローレンス）に日本代表として出席。招待講演（座禅の生理学）を行う。

昭和四四年三月　東京教育大学定年退職。東京教育大学名誉教授。
昭和四四年四月　専修大学文学部社会体育研究所教授。
昭和四六年一〇月　日本医師会最高優功賞受賞。
昭和五一年三月　専修大学停年退職。以後も日本療術医学会会頭、老人福祉財団代表理事、日本広告審査機構副委員長、大和証券ヘルス財団審査委員、アサヒビール生活文化研究会理事等を歴任。
昭和五一年一一月　勲三等旭日賞受与。
平成元年三月　日本生理学会特別会員。
平成一四年五月二九日　逝去、享年九六才、正四位授与。
平成一四年七月二七日　納骨、墓所八柱霊園（二四区五九側一一番）。

著作より

楼門の追憶

「科学のふるさと」
畝傍書房、昭和十八年刊より

学生が帰郷してしまったのか、夏の夜の神保町通りは妙にもの静かだった。安らかな気持であてもなく露店をひやかしていた。積み上げられた古本の山の中から、何気なく一冊を抜きとって、その口絵をめくっていたら、ふと、「朝鮮密陽の南門」とあるのが眼についた。ハッとして私はその口絵の写其に見入った。「朝鮮…密陽…」この古い楼門を触媒として私の幼な日の夢は甦ってくる。この南鮮の片田舎密陽こそ私の幼年時代の思い出のふる里なのだ。四つから十四の歳までの追想は廻り燈籠の絵の様に浮びあがってくる。

この薄汚いよごれた古本が、私にはこの上ない貴重なものなのであった。ほしいと思いながら私は密陽の思い出となる写其の一葉すらも持たなかった。ところが、その思い出の美しく引き伸ばされた写眞にめぐり会ったのだ。掘り出し物を喜びながら家路を急いだ。本の表紙には『私の写真』三宅克己著とある。その説明にはこう書いてある。

「日本の内地とちがって、建築物の気持ちはゆったりとしてその調子が如何にものんびりしている。日本特有のうるさい線は少しも見えない。遠景の山々の形から楼門の強い線、そして地上に投げ打っている家屋や人の影、これらはどうしても日本内地には求められない趣向かと思う。」

私はあらためてその口絵を眺めながら、南門やその遠景の山々から過ぎし昔を追った。そして折あらばもう一度行って見たい。せめて楼門の写生でも、嶺南楼も、三門洞も、小学校へも、それからそれへと夢は大きくひろがる。

しかしこの説明の終りには次の様にあった。「唯ここに諸君と共に悲しむことは、この風雅な楼門も今は全く取り崩されて既に跡形もないことである。そしてこの楼門から得た多くの石材は道路修繕の材料に使用せられ、下水の石垣に使用せられたと云うことを聞いた。」

私は憤りに似た妙な淋しさを感じた。

嘗て栄えた密陽城の名残りとしてこの南門は、その昔栄華を誇った密陽邑の伝統の象徴であり、土地の人達の最大の誇りであったのだ。この門を中心として月に一度立つ市の賑わいは、今でも一種の特有な「臭い」と「味わい」とを伴ってなつかしい思い出である。

あの風雅な楼門も今はもうなくなってしまったのか。

この楼門の追憶につらなる思い出の人々は、殆ど皆、もう此の世には残っていないのである。養父も養母も、祖母も二人の叔父も、受持の先生も親しい友も。

かくして私の幼な日を語る人は誰もいなくなってしまった。そして、私一人だけが、東京の真中に居てあくせくしているのかと思うと、何だか、大きな夢を見ているのではないかともあやしまれる。或いは密陽の地すらこの世には無いのではあるまいか、と云う妙な淋しさにおそわれる。

「孟子」の中だったかに、「いわゆる故里とは、かの山河をさして云うのではない。そこに自分の存在をよろこんでくれる人を持つことである」と云う意味の言葉があった様に思うが、こう考えてみると、私の故里密陽はとうの昔に無くなっているのである。

新しい書物には、密陽は人口一万五千、農産物の大集散地で内地人の多い活気ある町であると記されている。一般に植民地に於ける土地の変遷、移住者の出入は激しいのであろうが僅か数年、十数年の間に、田舎であった密陽は新しい小都市として発展してしまったのである。この驚くべき発展の前には、朝鮮的な歴史あるものは、良きも悪しきもすべて崩壊しなければならなかったのである。かくして私のふるさとは事実として消失してしまったのである。殖民地に故郷を持つ者で、「ふるさと喪失の悲哀」と云ったものを感じるのは私だけであろうか。新しく開発されて行くことは喜ばしいが、無暗に、郷土的なものを取り除けて、ただ所謂日本的な（真には日本的でない）ものを以って置換えることは、必ずしも朝鮮を向上させることでもなく、日本の文化を発展させる所以でもないであろう。又、その様な行き方は内鮮融和の見地からははるかに遠いのではなかろうか。

それにつけても思い出されるのは、浅川巧と云う隠れたる一人の偉人のことである。私は安倍能成氏の『青丘雑記』の中の「浅川巧さんを惜しむ」の一文を読んで知ったのであるが、心から感動させられたのであった。

浅川巧氏は、地位は低い一山林技手であったが、二十四歳から、四十二歳で亡くなるまでの十八年間を、全く朝鮮の生活に沈潜し、身を以って朝鮮の人の教化に従い、深い同情の心を持って朝鮮の文化を研究したのである。その内鮮融和は云うに及ばず、朝鮮の美術工芸に対して遺した功績だけでも偉大なものがあるのである。世に行われているものにも『朝鮮の膳』(昭和四年)、『朝鮮陶磁名考』(昭和六年遺著)の二大名著がある。他の民族のものに対する深い理解の心があってこそ、真に日本的なものへの認識も高められ、日本文化の向上が期待せられると云うことを、身を以て心を以て実証された故浅川巧氏に対して、私は安倍氏と共に心からの敬意を捧げるものである。

語呂の論理か

「科学のふるさと」
畝傍書房、昭和十八年刊より

鈴木牧之は、天保年間に雪に関する観察や考察をして、『北越雪譜』と云う素晴らしい書物を著わしたわが科学の先人であるが、その書物の中に『金中蟲あり、雪中蟲なけんや』と云う言葉がある。これは、「金属が錆びるのはその中にいる蟲のせいである、金属の中にさへ蟲がゐるのだから、雪の中に蟲の居ないと云うことがあらうか」と云う意味だそうであるが、中谷宇吉郎氏はそれを「西洋の自然科学風な考え方の洗礼をまだうけていない頃の、われわれの祖先の頭の中をちらと覗いたような気がして大変愉快であった」とか、「何となく純粋に日本的或は東洋的なものと云う気がして面白かった」と言って、われわれの祖先が「論理的でなく、非科学的であった」ことを示すもので、「語呂の論理」とも云うべき無意味なものであり、これがわが国における科学の発達を妨げた「ものの考え方」だと云っている。

＊　＊

子供が近所からもらってきて飼っていた蚕がみな綺麗な繭をつくった。白いのが二十あまり、その中にたった一つ黄繭があった。黄色いのは形も大きくその色沢は美しかった。これは珍らしいから先生のところへ持って行こうと云うことになった。

繭を巣からはずしてうれしそうに数えていたが、「カイコは中にいるの」と聞いたから、「そうだよ、カイコはサナギになって中に眠っている。ふるとコロコロ音がするだろう、今に眼をさますと、蛾になるんだよ」と私は返事した。子供はさも不思議そうな顔付をして「サナギって何」、「なぜ、コロコロ云うの」と問いながら、繭の一つ二つをふってみているのである。私は、一ばん小さい白い繭を鋏で切り開いて見せてやった。中には黄褐色のサナギがコロコロしている。「サナギって翅があるね、だから蛾になるの」と聞いたりしながら、しきりに繭の切口から中を覗いている。私は子供の不思議を不可思議として眼を輝かせているのをしばし見まもっていた。この児は何を見ているのだろう。何を考えているのだろう。しばらく見詰めていたが、白い繭を一つ出して「これも切ってよ」と云う。私は「どれも同じだよ」と云ったが、しかし、それをまた切り開いてやった。子供は「やっぱり黄色いんだね」と云いながら、前の蛹と今度のとを見比べている。

子供は「見ないと承知しないものだ」と云うことを知った。これは我々科学する者が「理性の力」でやっていることを、子供は天性に持っているのだ。経験的、実証的という「科学精神」は、「子供のもの」なのだ。「科学者は童心をもて」ということの意味はそこにあるのではあるまいか。

そんなことを考えていたら、突然「これもあけてよ！」と云って黄繭をさし出したのである。「たった一つしかないのだからこれは残しておこうよ」と私は云った。しかし、子供は仲々聞かない。私は「どうして」と聞きかえした。子供は、「白いのに黄色いサナギが居るのだから、黄色いのには白いサナギがいるんだろう」と云うのである。私は、ハッとした。なるほど、ここに「科学する心」が芽生えているのだ。その一つの可憐な芽を、私は摘みとろうとしていたのだ、と気付いたからである。子供の想像は実にはつらつとしている。我々が「わかりきった」としていることを飛び越えて、じかに自然を驚異するのである。それは、科学者が努めてとりもどしては、とり逃がす「創造的精神」なのである。

＊　＊

私はこの子供の「白い繭に黄色い蛹がいる、黄色い繭に白い蛹がいるのだろう」と云う言葉を、興味深く幾度も口の中で繰返したのである。そして、これが、鈴木牧之翁の「金中蟲あり、雪中蟲無けんや」と云う言葉の現代訳であることを見出して、一層おどろかされたのであった。牧之翁の言葉には「語呂合せ」の如くにして、実はかかる語呂を展開せしめる根底がしっかりと把まれているのである。語源学（エチモロジー）とても、語源がそう云う意味をもっていると云うよりも、むしろ、その根底に語源を動かすものがあることを思いみなければならない。

「金属が錆びる」という「事実」から、「虫ばむもの」があるという「作業仮説」を立てて、「雪の結晶の壊れてゆくのも、それと同じようなメカニズムがあるためではなかろうか」という「疑問の設定」をするという事を考えるとき、それが牧之翁のあの素晴らしい『雪譜』を作った原動力であり、自然の中に飛びこむキッカケとなっていると観ることは、あながち無理なこじつけではあるまい。「語呂の論理」として一概に軽蔑し去ってはなるまい。

＊　＊

私は、更めて「金中蟲あり、雪中蟲無けんや」と「白い繭には黄色い蛹がいる、黄色い繭には白い蛹がいるのではなかろうか」とを比べてみて、牧之翁の言葉が溌剌たる童心に輝いていることをつくづく思ったのであった。

まことに、童心の夢を失わずに、それを追求してゆくところに、科学は創造せられ展開せられてゆくのである。

照魔鏡

「科学のふるさと」
畝傍書房、昭和十八年刊より

疑心暗鬼

昔むかし、鬼が棲んでいた頃の話。支那の或る町に、瞻（ぜん）と云う非常に理くつの巧みな人が居た。

彼は鬼は居ないと信じて、常々「無鬼説」をとっていた。その理くつには誰も彼もへこまされて居た。彼は益々得意になって「無鬼説」を主張してゆずらなかった。

或る日突然、彼の所へ客が訪ねて来た。そして鬼の有る無しについて互に議論を始めたのである。この客も彼の巧みな無鬼説にかかってやりこめられてしまう。と、客はたちまち形相を変え語気を荒げて「おい、これでも鬼が居ないと頑張る気か、おれが鬼だぞ」と云いながら見るみる恐ろしい鬼の正体を現しその男を喰ってしまった。そして、やがて何処とも知れず消え失せたと云うのである。

現代でも我々の仲間にも理論家である瞻の後裔はあちらこちらに居るようだ。あまり理窟に有頂天になっていると本物の鬼が飛び出して来るぞ。用心。用心。

足と寸法

鄭の国に且置履（しょちり）という人があった。彼は靴を買おうと思って、予め自分の足の寸法を取って書き止めておいたのだった。或る日町へ靴を買おうとして出かけて、店に入ったところが、足の寸法を書いた紙を忘れたので、家にとってかえし、その寸法書きをとって来た、ところがもう靴店は閉まっていて買うことが出来なかった。

それを聞いた或る人が「馬鹿だな、寸法よりも、自分の足に合わせればよいではないか」と云ったら、且置履は真面目くさって、「いや、寸法の方がたしかだよ、自分の足はどうも当てにはならんのでね」と答えたという話。

実験の数字のみを信じて、実物を信じ得ない者や、他人のデータを信じて自らの眼で直接に「もの」を視ることを知らない者は、且置履の兄貴分ではあるまいか。

細工とのみ

昔、燕の国に物好きな王様がいて、ごく細かい細工物を好んでいた。或る時、衛の国の者でいばらのとげの先に猿を彫るという不思議な細工人がやって来た。王様は、喜んで高禄を与えて召しかかえることにした。

暫く時が経ってから王様は、「細工は出来たか」とたずねた。ところがその細工人は「それは極く細かいから普通では見えないのです。まず半年の間、肉を断ち、酒をつつしみ、女を避けて、清らかな生活をしなければ見ることは出来ません」と言った。王様は「そうか、それではちょっと仕方がないな」と言って、その時はあきらめたのであった。

それから暫くして、或る鍛冶屋が来て、王様に「細工をするにはのみがいります、こまかい細工をするには細いのみがなければ出来ません。いばらのとげに猿を彫るとか云う細工人に先ずのみを見せてもらいになっては如何ですか」と言ったのだった。

王様は「そうだ、そうだ」と気がついて、その不思議な細工人に「お前の使うのみを見せて呉れ」と言った。細工人は「では家に帰ってとって来ます」と云ってそのまま逃げてしまったと言うことである。

結果のみを問題にして、それを細工して理論を弄んでいる理論家や、グローブな方法（のみ）で細かないばらに細工した様な結果をでっち上げている似而非実験家は、この細工人の様に化の皮がやぶれて逃げ出さなければならなくなるぞ。

豚売りの男

或る男が豚を売りに市場に行こうとして路を歩いて居た。通りすがりの人が幾人も、その豚を買いたいと思って「それは、いくらなのか」と聞いた。ところがその度毎に豚売りの男は、「道はまだ遠い、俺は市場へ売りに行くのだ、途中でお前などに一々かまって居られるかい」と云って、豚をひいてどんどん行ってしまった。

この馬鹿者の様に、市場へ行くのと、豚を売るのをとりちがえている連中が、今時の研究者の中には相当沢山いる様である。「もう研究はすんだ」と博士論文をでっち上げて得意になっているのなどは、後の世の寓話に利用せらること請合いである。科学の研究においては、看板を掲げた市場にはろくな買い手はいないで、一歩一歩の途上に素晴らしい買い手が続々と待ち受けているのだ。結果よりも道行きが問題なのである。

蛙まつり

つどいの夜…春の雨。蛙まつりの話も出る。

蛙のいのちを奪うことを仕事としているわれわれだ、兎に角、蛙の執念を踏みづけにして生きているわけだ。

蛇の執念のたたりの一例を、一茶は「信濃の国墨坂と云ふ所に中村なにがしと云ふ医師（くすし）ありけり」と云う書き出しで報告している。（おらが春、わが春集。岩波文庫）

昔から蛙は蛇におとらぬ執念を持つ生霊の動物とされている。一々挙げるのは煩わしいからこれも百科辞典でも引いて「がま」、「かえる」の項を見てもらい度い。

「あまり殺生するな、蛙がたたるぞ」と云うと、「執念なぞ何だ」と力む連中もあろうが、この連中こそ執念にとりつかれているのだ。縄が蛇に見えたり、幻が本物に見えたり、理論が事実に見えたり、さては博士号が神様に見えたりしているのはその証拠である。

「生命と科学」
目黒書店、昭和十六年刊より

科学する心

「薔薇の木に

薔薇の花咲く、
　なにごとの不思議なければど」

これは詩人北原白秋氏の短唱である。冬の枯れすがれた薔薇の木の小脇に咲きひるがえる真紅な薔薇の花を目の前にして、詩人の魂はこれを「ただあたりまえのこと」とは見過されなかった。そして、「ハッと驚き涙が流れ、頭が自然と下って、この世の神心の前に掌を合はせた」(洗心雑話)のである。

私は、この詩句を見てハッと感じた。「詩人の心は科学するものの心ではなかろうか」と。私は自然科学の一部門である生理学に身をゆだねている学徒である。蛙の体から筋や神経を取り出して、小さなその組織の一片を見詰めつつ、生命の神秘に胸をときめかし、自然の不可思議に日日驚異の眼を瞠っているものである。

一片の肉塊――この小自然の中に於てすら目を瞠ればみはる程、不思議は一層不可思議に充ちていることがわかって来た。実に、「小さな芥子の一粒にすら、あらゆる大千世界が満ち溢れている」のであろう。自然の不可思議に直面しては、鈍い私も時には、白秋氏と共に頭のひとりでに下るのを覚える。

「あなたふと青葉若葉の日の光」

大自然の満ちあふれた光の前に、ハッと驚いて芭蕉は合掌してひれ伏してしまった。

＊　＊

「古池や蛙飛び込む水の音」

水の音にハッとした時、芭蕉の心は呼び醒まされ、大自然に向かって活眼は開かれた。不可思議な自然の妙機に触れて、ハッと驚くこころ、これが詩歌の源泉であると詩人は説く。

大自然の驚異に眼を瞠る心——これは、芸術の心であり、宗教の心である。そして同時に科学の心でもある。古来、大きな発見又は優れた理論と云われるものは総べて驚異の心に根ざした直観によって、端的に把握されたものであり、然る後に、論理的に経路を組み立て、或いは解析的に展開したものである。この事は、純粋に解析的であると考えられて居る数学に於てさえ、実際の発見は偉大なる直観に基づくことが多いことからも知られる。

芸術家が神来的の感動を色彩や文字や音響によって表現する如く、科学者の解析や論理も、要するに、その天来的の驚異を表現する或る種の文学や色彩であるとも言えよう。林檎の落ちる音に驚いた時、ニュートンは初めて宇宙間に漲る万有引力を知った。皮を剥いだ蛙の脚の痙攣にハッとして驚いたガルヴァニは、生命の神秘の中に生物電気の存在を看破った。又同じ実験に首をかしげたボルタは、電池発明の鍵を掴み、現代電気文明の種子を蒔いたのである。

この様な科学者の逸話は数限りなくある。自然は不思議に充ちている。この不思議に驚異するところに科学の種子は蒔かれ、生長の原動力が与えられる。

詩人ハイネは静夜の星を仰ぎ見て、これは「蒼空に打ちつけられた金の鋲」だと云った事がある。この詩人の驚異する眼は、直ちに科学者の眼である。蒼空に輝く星の姿に目を瞠らずして、天文学が発展したであろうか。又、星の真の姿は天文学者よりも却って、この詩人の限にはっきりと映じているのではなかろうか。天文学者は理智の眼でのみ見るのに、詩人は透徹った体験の眼でながめているのであるから。「驚異！」、これこそ人格の生命の底から湧き上る体験の迸りであり、最も端的に事物を把握する直観の漲りではなかろうか。そこには理智もなく論理もなく、批判も独断も超越した真如の世界、絶対の世界があるのみである。

＊　　＊

広大な大自然の前に立つ時、人間は何を誇らかに知ったと云えよう。あらゆる「私心」を捨てて、「唯従自然」なるとき、はじめて、人は宇宙の真機に触れうるのである。その時真の自己を見出す。自己の弱さを自然の偉大な力の中に見出した時、人は自然の前にへりくだり、有難さに頭が下る。この時聖心（ひじりごころ）があらわれる。そして人は真から強くなる。

「しぜんと頭の下るような歌は、しぜんと頭を下げた心から生まれる。しぜんと涙のこぼれる心から生まれる」と、白秋氏は説く。「何ごとのおはしますかは知らねども」、「何の木の花とも知れず匂ひかな」など皆聖心から生まれた歌である。祈祷の言葉が溢れ、随喜の涙がこぼれる。これが自然である。

しかし、大きな聖は、詩歌や御教の聖ばかりではない。偉い科学者も亦聖である。現代物理学の第一人者であるデンマークのニールス・ボーアは、「自然に対しては、人間の頭脳はまだまだ幼稚である」と言って、自然の前にへりくだっている。「真に偉くなるほど頭を下げる」。このことを言い表わしている格言や箴言は、東洋にも西洋にも数多くある。洋の東西を問わず、聖ごころは有難いものである。ツルゲーネフは「散文詩」の中で、自然に対する人間の弱さと、へりくだらない人の心を鋭く諷刺している。

「私の樹」。……病みほうけた昔の友達に会いに行った。盲目で中風の友は、手押車に乗せられて、並木道まで私を迎えてくれた。

「ようこそ来て下さった」と彼は墓の底から吹く様な声で言った。「私の先祖代々の土地に、私の千年の槲の樹の下に」。

彼の頭上には、ほんとうに千年も経ったかと見える槲の大木が、鬱蒼と枝を拡げている。私は心に呟いた。「聞いたか、千古の巨人。死にかけた蛆虫が、お前の根元を這い廻ってお前を自分の樹と呼ぶのを」。

聖ごころを持たない宗教家のない如く、聖ごころがなければ、科学者にはなれない。「余により解決された」、「余の指導により」、「余の教室の業績」、「云々」と云う言葉をよく聞くが、ツルゲーネフに皮肉られても仕方がなかろう。山に漸く這い登ったアルピニストとか云う者どもが、吹けば飛ぶくせに「自然を征服した」と豪語するのとどちらが笑止であろう。若しも、蝿が人間の頭に止まって「人間を征服した」とでも云ったら何と云って笑うか。科学者の心は、「海浜で小石や貝殻を拾う」(ニュートン)と云ったどこまでも自然の前に謙虚なこころでありたい。

「唯従自然」なれば直ちに真如の世界に飛びこめる。聖ごころある時、自然は手をひろげて、安らかに抱いてくれる。「唯従自然」なるものは「随処に主となりうる」、そして「立所皆真となる」のである。

＊　＊

仏家では「草木国土皆仏性あり」と云う。この仏性、聖ごころは森羅万象の中に充ち溢れている。深くかくれひそんでいる。空にも木にも、草にも人にも、鳥獣にも、火にも水にも、或いは虫けらにも、病菌さえにもひそんでいる。それは凡てのものの、生命であり、生命の奥の生命である。万象の中に仏性を見出すこと、これはとりもなおさず尊い己の生命を知ることである。何かの機縁に触れて目が開くとき、その生命は光り出す。

「我心を捨てる」、ただそれだけ。「唯従自然」、ただこの四字。しかし、あまりに凡てに慣れた大人の眼にはなかなかである。都会の人間は、子供まで、あまりに便宜に慣れすぎている。その生活は物思わざるべくあまりに複雑であり、あまりに混乱している。自然からは次第に隔離されてゆく。都会では大地まで、かたいアスファルトやコンクリートで覆われている。最も重大な人の死に対してすら、あたりまえの事とする。物思う暇もなく、葬式自動車はあわただしく眼の前を過ぎて行く。ましてや物思わざる暇などあり得ない。

物質文明の弊を慨き、科学文明をのろう人々がある。そして精神文明がこれに代らなければならぬと説く。しかし、これは丁度、人間が永い経験の後に火を用うることを識った、ところがその火でたまたま手を焼いたり家を焼いたりする。だからと云って、「火を止めてしまえ」と云うのと同じ様な馬鹿げた話である。「火を敬い、火を畏れる」心が人にあれば、手を焼き家を焼くこともなかろう。罪は火にあらず、人にあることを思わねばならない。

現代の科学する人はあまりにも科学の世界に慣れ過ぎていないだろうか。あまりにも狭く弱い科学の城塞の中に安住しようとしているのではなかろうか。これは自然に対する恐しい冒瀆である。若し科学のもたらした文明を非難するならば、「科学の成果」に対してではなく、「科学する心」の沈滞、科学になれて麻痺している心に対してなされねばならない。即ち、科学を進展せしめる原動力の枯渇を憂うべきではなかろうか。弛緩した人の生命を、こころを、賦活させることではなかろうか。現代の科学の推進力は前世紀の偉大な科学人の遺産である。それを盛り立て、発展せしめる心の源を養うことが急務なのではなかろうか。

橋田先生の行学

杉靖三郎編「碧潭語録」
三喜房、昭和二四年刊より

私が橋田先生の御名を知ったのは大学に入ってからである。その頃先生は新進教授として生理学のほかに数学、物理化学などの講義をしておられた。一風凝った東大医科の入学試験の出題者が先生であることも入学後はじめて知った。親戚の医者に先生のことをきいたら、「橋田さんは数学家だよ、理論家だ」と言った。当時は震災直後で生理学教室が焼けて器械がなかったので、先生は数学に打ち込んでおられたのであった。講義で聞いたことは殆ど忘れてしまったが、おかしがたい威厳のある風格と淡々たる御講義ぶりがはっきり記憶に残っている。午後の放課後に学生を集めて特別に何か話しておられたことも知ってはいたが、はにかみ屋の私はそのような会には出なかったので、先生のお話を伺う機会はなかった。しかし学期はじめの御講義の時に「医師たる前に人間たれ」という意味のお話のあったことは宵の明星のように私のうすれた記憶にはっきりと光を放っている。それが卒業後先生の許に参ずる機縁になったのである。

学生の頃は、残念ながら先生がよくわからなかった。何か難しいことを言う先生という漠然とした感じであった。東大医科の同窓会誌「鉄門」などに載せられた珠玉の文字も、私には猫に小判に過ぎなかった。先生の良い話があるぞとさそわれても、また同郷の人々の集まりに先生も出られると教えられても一度も出たことはなかった。今から思えば、その頃（大正十三、十四年）の先生は孤独寂漠の山上ならぬ実験室にこもられること十五年、還相回向して、衆生済度のため山を下りて下界に下る旅にあられた時であった。

＊　＊

震災後、生理学教室は今の薬学教室の後ろのバラックに移り、ここで先生は実験に指導に専念せられたのであるが、教室員を相手に「ベイリスの生理学原論」の逐字譯的な講釈を続けられ、また廣瀬文豪氏の「仏教哲学論」（哲学改造誌所載）をテキストとして、「仏教のお話」をされたのである。ベイリスの講釈は当時列席した人々はみな先生の深く広くしかも速かな勉強振りに舌を巻いている。また、仏教のお話は山極さんの御苦心によりプリントされ「仏教の話」（昭和三年春）と題されて菊版四百頁の書物にまとめられている。ほんの数人の人々が分かち合ったのであるが、これを先生は夏休みの三カ月を全部費やして校訂されたのであった。先生は特別講義を毎年しておられた。はじめ学生は大勢出席するが、二回目には半減、三回、四回と急激に減じていつの間にか五、六人となってしまう。しかし先生は相変わらぬ調子で黒板いっぱいに数式を書き並べながら、熱心に続けられるのである。私は後に生理学教室に入れていただいてから、「先生の御講義はあまり程度が高いので、折角やられても学生が集まらないのではないでしょうか。もっとやさしくしていただけないものでしょうか」と申し上げたことがあった。ところが先生は、「東大で講義をするのに程度は下げられぬ。一人でも、二人でも本当にやろうという者がある限り止めるわけにはゆかぬ。自分は本当にやってくれる者の出てくるのを待っている。今年なければ来年、…十年、いや自分が教職にある間に一人でもよい。それを願っているのだ」と自分御自身に語られるようにしみじみと言われた。私は、これほど真剣にやっておられたのかと知って軽卒の言を恥じ入ったのであった。

＊　＊

私は卒業してから暫く臨床へまわった。はじめは医師としての仕事を嬉しく思ったが、慣れるに従って「医学とは」「医師とは」「生とは」「死とは」……と思い煩った。それは医学の本質に対する疑問の外に、世のいわゆる医師に対する不満からでもあった。医師たることが、あいまいにことをすましてゆくことであってはならぬ、何か正しい確かなものをつかみたい、真の医師とは如何にあるべきかと考えあぐんでいるうちに、ふと「医師たる前に人間たれ」という言葉とともに科学者らしい学者としての橋田先生が頭に浮かんだ。それであと二カ月で内科奉公の年期があけることになっていたのも待ちきれず、先生の許に参じたのであった。

＊　＊

当時生理学教室では誰もが脇目もふらず実験に没頭していた。臨床から移った私などには目をくれる人もいない。食事の時の話にしても難しくてわからない。私は驚いた。これではならぬ、せめて話だけでもわかるようにならねばと、部屋にこもって書物を読んだり道具をいじったりしていた。話し相手もなく淋しく一年は過ぎた。ある日私が毛管電気計を顕微鏡でのぞいていたら先生が入って来られた。「君こんなものを読むのかね」と言われたが、目が離せない。先生はそのまま出ていかれた。そしてまた入ってこられ、黙って書物を置いてゆかれた。それは、私が前田利鎌氏の「臨済荘子」を机の上に置いていたので、先生が御自分の書き入れのしてある同じ本を置いていかれたのである。開いてみると、前田氏が、「願はくは自己の叟影を伴として、なほかつ生を楽しみ了る底の豊けさが欲しい」と書いているところに先生の脚本には、「働いていても、怠けていると思へる豊けさがいる」と書き入れてある。私はハッとした。それは自分は勉強しているのだ、と思いながらやっていたからである。本当に勉強しているのなら、勉強しているとも思わない筈だ。これでは駄目だと思ったのである。「諸仏のまさしく諸仏なる時は自己は諸仏なりと覚知することをもちひず」（正法眼蔵）である。真に行じている時の消息に接して身うちの振えるのを禁ずることができなかった。

その後このようなことが度々あって、拝借した書き入れ本で私の手元にあるものに、ゴルンシュタインの「弁証法的自然科学概論」、ニイチエの「如是経」（ツアラトウストラかく語りき、登張氏訳）、廣瀬文豪氏の「認識の実践」、「仏教哲学論」などがある。それらを見ると実にありがたい。語句や文章などまですっかり訂正され、端的な批評が加えられている。丁度私どもの電気生理学の論文に加筆訂正をして下さるのと同じ格好である。べた一面に全頁を朱で直されることもある。全く立派な原著である。このようにされた、先生の言われる「訂正本」は数十冊にのぼるだろう。

＊　＊

先生は読まれた本の中に線を引かれ註や短評を加えられるのであるが、問題のありか、結論の正邪が一目瞭然である。数千冊の御蔵書の大半はこのようにして先生の魂が通っているのである。読まれた本は大抵「昭四、二、七—二、九、無適」とか、「再読感心深、九、七、十五、無適」と記してある。このようにして、読まれた書物の年譜を作成して先生の学道の発展を跡づけることもできるわけであるが、私のあたってみただけでも驚くべき速度と正確さをもって汗牛充棟の書を読破せられたことがわかる。その一つの例として、昭和九年に京城の学会へ行かれる車中で欧文の生理学の書物一冊と日本語の単行本二冊を読破せられ、これを読んでみたまえと言って書き入れ本をお貸し下さったことがあった。「若き哲学徒の手記」中の、「学校出は社会を知らないと言ふ。然し、社会に汚されない学校出の青年が花園に培いきった魂の処女性は、やがて社会生活を立派に乗り切り……」というところなど強く線が引いてあり、若人の純情を心から喜んでおられる。いつも「若い者」に期待をかけておられた。大学から第二高等学校校長として出られたのも、文部大臣になられたのも「後に来る者」に教えをたれるためだったのである。

科学を愛される先生はまた芸術を愛された。かの泉鏡花とは学生時代から互いに相許した仲であられ、鏡花の名作「日本橋」の主人公、葛木晋三こそは橋田先生がモデルであることは、知る人ぞ知る。

「真の研究は余外の背景において、また余外の地盤に培われて始めてできるものであると考えている。……我々は先生の独創のよって生ずる所以のものにおいて深く反省すべきではなかろうか」と先生は、「寺田先生の追憶」で述懐しておられる。

＊　＊

先生の学道に確固たる地盤を決定的にしたものは、実に道元禅師の「正法眼蔵」であった。先生はドイツ留学当時、東大助手の資格で行かれたので経済的にもいかに苦労せられたかは想像にあまりがある。しかし御幼少の頃から「苦を忍び寒さに堪える」学道を突破してこられた先生には何でもなかった。第一次世界大戦が始まり我が国はドイツと交戦状態に入ったため、先生は敵国の人間として「ストラスブールで捕えられ、エスリンゲンの牢屋の独房に入れられ、「外から二重に鍵を閉められた中にいたことを思えば、自由だの不自由だのとは言えたものではない」と述懐しておられた。先生の学道はすべてに「古へも苦を忍び寒さを堪へて愁ひながら修行せしなり」という道元禅師の学道そのものであったのであるが、帰朝されるまでは、眼蔵に接せられる機会はなかったのである。

＊　＊

帰朝の船上で休戦ラッパを聞かれ大正八年に東大へ帰ってこられた先生は、生理学の講義を担当されることになったのである。当時先生は、その学識に於いては既に堂奥に達せられ、議義をするには何の不足も不安もなかった筈である。しかし先生は困惑されたのである。ここに先生が正法眼蔵に触れられる一大機縁が訪れたのであった。

「さて講義をはじめようとしますと、生理学というものは何であるかということを一応考えてみなければならなくなりました。それについて段々考えてゆきますと、結局我々が生きているということは抑々何かということが、問題になってきたのであります。元来生理学は「生きている」ことを知らせる学問ではなく、「生きているもの」の様子を知らせる学問に止るのでありますから、生命それ自身などという根本問題を生理学者が考究するということは、考え方によっては、用のないことであるとも思われます。

しかし、教壇に立って学生に生命に関係のある問題を講釈する者が、生命とは何かと質問された時に答えができないのでは、是は講釈するに値しない者であると言わなければならぬという考えが起こってきまして、どうしても「生きている」ことは何か、ということが切実な問題になって参ったのであります。……」（正法眼蔵の側面観より）

＊　＊

実に先生が眼蔵を手にせられたのは、この自己の責務を忠実に履行せられる責任感からであったのだ。或る時、この様なことを知らない人が「先生が仏教に入られたのは何か悩みでもあったのですか」と聞いたところ、先生は「何も別にいわゆる悩みといった様なことはなかった。自分の専門の学問の必要からであった。いや、これも悩みといえば大きな悩みだった。」と言って静かに笑っておられた。先生は、個人的な悩みではないが、与えられた責任を果たすためという大きな悩み、言い換えれば、道元禅師の「愁ひ」をうれいなやんで正法眼蔵に参学せられることになったのである。

＊　＊

先生は、王陽明先生のもの、禅の書物、生命の哲学などとあれこれ漁りまわられたのであったが、「一向に物に触れるまでの機縁は熟してこなかった」のである。そのうちある書物ではじめて道元禅師の「正法眼蔵」という書物のあることを知られ、早速東大図書館に入り込んで探されたところ「眼蔵御抄」の写本にぶつかられた。この本を契機として「日々手離さず拝読」され、一生の間いやが上にも向上されてゆく道は更に拓かれたのである。先生はこの因縁を、「今それを思い出すと、熱い涙を禁ずることができないのであります。私も力及ばずともできるだけ勉強したいと心懸けて居った時でありましたので」と言われ、苦心を重ねて写本し眼蔵を残してくれた先人に無限の感謝を捧げておられる。全く不思議な因縁であったが、眼蔵に出会われる前にすでに眼蔵を実践して「ただひとすじ」に求道しておられたところに機縁は熟したのであった。まことに求むるところに与えられることを深く思わねばならない。

＊　＊

橋田先生は眼蔵に深く参入せられ、正法眼蔵の逐語的な「釈意」を十数年に渡って行われたのであるが、これは、生命の根源を究め、人生を識得するためのみでなく、眼蔵には自然科学の根源があったからである。科学が人生の創造であるからには、「創造」ということに於いて、創られた科学は創る人と一体でなければならない、ここに先生の言われる日本科学の立場がある。

「正法眼蔵釈意」の序文（第一巻）で先生は「正法眼蔵に親しむこと以来二十有余年、生理学者としての体験を回光返照していささか「生の全機」と「者」の何たるかを知り、日本科学の根源を見出し得て無上の喜悦と感謝とに溢れている。その間、眼力未到なるにも拘らず同志同道の人々に向って、文字を釈し句意を繹ぶること十余年、恬として恥づる所なく敢て試みて今日に至れる所以のものは、この喜悦を頒ちこの感激を倶にせんことの念切にして止み難いからである」と云われ、「昭和十四年十一月、東京帝国大学医学部生理学教室に於て、後学橋田邦彦識」と記しておられる。

先生は至るところで「眼蔵と科学」、「科学と宗教」について説かれ、「科学の根底は宗教であり、宗教の内容は科学として展開されねばならない」と教えられた。また「研究室は道場である」、「我々は科学の行者でなければならない。科学することは自然科学者の行である」と訓えられたものである。科学と宗教の一如は、先生が生理学を行ぜられた幾十年の深い体験からの信念であった。先生は「私の念願として居りますところは、日本の科学者の全てが、この眼蔵を会得して科学に従事する様になることでありまして、その時始めて日本の国の科学というものが本当に樹立される様になると信じて居ります。もしその立場にこないで科学を取扱っているのならば、結局、欧米の科学の模倣の域を脱し得ないものだとも考えているのであります。」と述べておられる。先生が学に志した当初からの日本科学樹立の悲願はかくして眼蔵に於いてみたされるに至ったのである。

＊　＊

先生の最も大きな仕事は、良き弟子をつくるところにあった。実験室のお仕事も、読書するのも弟子に教えんがためであったのである。しかも弟子から教えられることを心からよろこばれる先生であった。「教師は弟子を教えるのでなく、弟子から教えられるものなのだ」とよく言われた。また、師道昂揚を叫ばれた時、「おれの言うことを聞け、おれを尊べ、といって師道の昂揚だと勘ちがいしている者もあるようだが、それは本当は自分が弟子に随ってゆくことだよ。随ってゆくことつまり弟道の実践こそ、師道の昂揚なのだ」と言われたことがあった。

先生の陰極線オシログラフによる実験のお手伝いをしばらくさせていただいていたが、先生は、「君どう思う」と問われるので私が勝手なことを御返事すると、「君の言うことも面白い」とよろこばれた。私が命令して先生がやられる、つまり先生が私の助手になられるという妙な状態におかれることがよくあった。私が「師匠になるのは大へんですね」と軽い気持ちで申し上げたら、「そうだよ、‥昔の人は実に偉いことを言っている」と仰って次の言葉を教えて下さった。

「師の弟子に教ふる五事あり、一には、当に疾く広く知らしむべし。二には当に他人の弟子に勝れしむべし。三には当に知りて忘れざらしむべし。四には諸々の疑難は悉くために之を解説す。五には、弟子の智恵をして師より勝れしめんと欲す。」（六方体経）

以前から先生は、「大学の教授は学者としてはともかく教育者としては駄目な人が多い」と言ってなげいておられたが、先生に於ては科学研究の場所こそ師資相承の道場であり、師匠も弟子も一緒になって求道向上すべき教室だったのである。

＊　　＊

時局は次第に重大となり、教育に於いて人物が要望せりれてきた。碧潭集一書によってその高い風格と深い学識とを世に示された先生は昭和十二年の春、当時の文部次官の三顧の禮をつくしての懇請や知友の人々の従慂もあって遂に、第一高等学校の校長として出られることになったのである。矢は弦をはなれたのである。その世に出られるための「壮行会」の席上で先生は「今までの実験生活をはなれることを思うと万感胸にせまる……」と涙にむせばれたのであった。これは安住の道場をはなれられる一沫の琳しさもあっただろうが、自己の教育者としてやって来られたことがようやく認められたことに対する喜びの涙でもあったのである。世界、教育界の堕落を憂えておられる先生には、それはまた、他に人なきを憂えられたための涙でもあったであろう。

かくして先生は象牙の塔を出て、「下化衆生」の悲壮な行路に出で立たれたのである。「異類中行」の大精進ははじめられたのである。わからず屋の第一高等学校の教授連はいつものごとく「校長いじめ」にかかったのである。それは相当なものだったと、当時教授だった友人から聞かされ、シャクにさわったが、先生はそんなことは意にもされず、香をたき静かに読書しては生徒の訓育に熱誠を傾けられたのである。これは一つの壮観でさえあった。

＊　＊

先生が大学の象牙の塔を出られたのは、俗な観方からはわからないであろう。それは文部大臣在任中の還暦の御祝い（昭和十六年三月十五日）の時、「この一年半の間に何をしたかと言うことは、私から彼に申し上げる必要のないことであり、又私としても何をしたという気持もして居りませんが、世の中のものごとは因縁で動いている。この因縁の有りがたさをこの頃つくづく感じさせられています。私が第一高等学校に出まして以来の経験は、私自身としては非常に大きな収穫であり、また物の観方を誤らずに進んでいけるように幾分でもなれたのではないかというように考えているのであります。」と述懐しておられることからも、並々ならぬ御決意のほどが察せられるであろう。

＊　＊

先生が文部大臣であられた頃、「学問のはっきりした立場を考究するに如何なる所存であるか」と天皇陛下の御下問を拝されたことがあった。先生は当時文部大臣により設立された国民精神文化研究所のことを申し上げ、今後とも整備いたす所存であることを奉答されたのであった。先生は早速同研究所へ見えられて、その由を所員一同に伝えられ、「責任は重大である。自重して勉強してもらいたい」と言われた。私も所員の一人として感激したのであった。先生も研究所のことは、その後折ある毎にお尋ねになっては心を配っておられた。「研究所の良くなる悪くなるは機構の問題ではない、一人一人が良くならねば」というのが先生の御考えであった。従って機構だけをととのえることは先生のとられるところではなかった。ただ静かによくなることを待っておられたのである。そして自ら教学確立の責をになって所長に出られたのである。その微々たる地位であることや世評かどんなであろうと更に問題ではなかったことは勿論である。

＊　＊

先生は世にも得難い自らを律することの厳しい方であられた。お側に永年つきまとっていて、私はいつも悲しい程であった。私の手帖に「先生にお目にかかった後は妙に悲しい。おそばに居ても淋しい。」と書いたことがある。あまりにも高く清いために私どもには結局わからないのであろう。「偉人には淋しい影がまとう」と誰だかが言っていたが、先生を思う時、いつも淋しさがつきまとうのである。道元禅師が正法眼蔵の行持の巻で先人の尊い精進の姿を描いておられる。この巻は橋田先生が最も愛誦されたものであった。「苦を忍び寒さに堪えて愁いながら修行」せられた禅師の大清浄の姿は、橋田先生のただひとり然々と行ぜられる純一無雑な大精進の姿と二重うつしとなって、すき透るばかりに清くうるわしく眼前に彷彿とするのである。御生前にはその淋しい先生からいつもなぐさめはげましていただいたのであったが、その淋しい先生がなくなられて一層淋しいのである。

四十余年睡夢中。而今睡眼始朦朧。
不知日己過亭午。起向高楼撞暁鐘。
起向高楼撞暁鐘。尚昏睡正多䌷々。
假令目暮醒猶得。不信入間耳尽聾。

これは王陽明の詩で先生のとりわけ御愛誦のものであった。王陽明先生が「格物致知」「致良知」に人間の働きの根源を喝破せられそれを唱導されたが、誰もこの真実の言に耳をかすものはない。反対するものすらあった。「四十年かかってやっと自分は目ざめた。日はすでに正午を過ぎている。起き出して行って高楼に鐘をついているのである。しかし人々は未だ眠の真只中である。自分は鐘をつく、日がくれてもつくのだ。すべての人間の耳がつんぼではないであろうことを信ずる。」という意味である。先生は「私はこの詩をよむ度に陽明先生の心事を思って熱涙を禁じえない」としみじみと語られたのであった。これは全く私の先生に対する感じそのままである。世に先んじる偉人はみなその様な悲痛なものであろうか。

先生の野辺送りの時、愛用の普化尺八の一管だけがお供した。孤高な先生を送るにふさわしかった。それは淋しさに徹していた。

ただ一管普化尺八を伴として一人ゆく師は
淋しからずや

これはまた日頃からの先生に対する私の気持ちであった。

正法眼蔵と科学精神

「科学と学道」
目黒書店、昭和十九年刊より

「正法眼蔵と科学精神」という題をつけたが、この様な題をつけることが、すでに道元禅師の主旨に反するのである。正しくは「眼蔵と科学者」というべきであったかも知れない。というのは、ここで私は「科学精神」と「正法眼蔵」とを観念的に結びつけたり、それらについて論じようとしたりしたのではないからである。また哲学的な論議などは私の任ではないからである。私は橋田先生の御導きによって、眼蔵に参ずる機縁に恵まれたものであるが、一科学者としての貧しい体験を通して眼蔵の有りがたい書であることを述べさせていただこうと思う。一知半解に過ぎないのであるが、「参学眼力の及ぶばかり」を眼蔵の片言隻語の中に求めて、退歩返照の資としたいと念ずるものである。

＊　＊

科学精神

近頃、復古精神が叫ばれ、古典がしきりに取り上げられている。そして古事記や日本書紀が問題とされ、「日本」への道が正しく指示されてきたことは喜ばしいことである。今や我々は、日本への方向を指示することだけでなく、身を以て日本への道を実践して行かねばならない。この実践の道ないし実践の論理とも言うべき古典として、正法眼蔵がこの頃識者の注目を引き、一般に普及し始めたことは、日本精神への堅実な歩みを示すものとしてよろこばしい傾向である。日本精神とは、声を大にして日本を叫んだり論じたりすることでなく、日本精神を証するという実践の問題であることを悟らなければならない。眼蔵を本当に読めば、ただ読むだけでは済まされない。「…のみなり」とか、「…すべし」とかで結ばれた体験的な力強い言句の躍動は、読む者をして実践への決意を湧き立たしめずにはおかない。この、どうしてもしなくてはおれない気持ちを起こさせ、正しい学への道を進ませずにはおかないところに、眼蔵の深さがある。しかも、それは実践的な宗教的の意味のみでなく、科学に携わる者がいかに「ものごと」を観、またいかなる態度で「ものごと」を行ってゆくかという根源の道を指示することで現代的意義を持っている。外来の科学を日本の科学として創造進展せしめるには欠くことのできない書物である。

この眼蔵が、科学者の科学を創造する働きに対して重要な意義を持っていることには、既に橋田先生によって示され、先生の多くの著述は科学の眼蔵的展開（科学の日本的把握）である。先生によって道元禅師の類い稀なる行は現代に生かされ、行としての科学への道は大きく開かれたのである。現代の科学が如何なる意味に於いて我々の智恵として運用されているか、またそれが如何なる方向に於いて人生的意義を持っているかという事、即ち、科学の文化的価値を問題にするとき、眼蔵は大きな力を持って我々に迫ってくるのである。

科学が目指すのは、あるものをあるがままの相（すがた）に於いて把むところにある。これは眼蔵の言葉を借りれば、「諸法の実相」を「実相」として把むということであり、その根源に於いては科学も宗教も同じ地盤に立っている。ただ、その道行きが異なるだけであって、最後に目指すところは、両者とも「あるがまま」のものを「あるがまま」に把むこと以外にない。真実の意味に於いて、人生に於いて科学と宗教とは「一つ」でなければならない。真実のものごとは「物心一如」のところにあるのであって、それを「物」として客観面から究めようとするものが科学であり、それを「心」として主体的なものごととして把握せんとするものが宗教と呼ばれるべきものである。いわゆる科学からは、この働きとしての真の「主」はどこまでも取り残されて絶対に把まらない。即ち、「客」体としてのみ眺める科学は、そのままでは人生の創造としての価値を担うことはできない。

科学は宗教をもって初めて人生の創造の学として意義を担い得るのである。科「学」と宗「教」とは、人が人として働いているときは、常に一体となっている。教学不二とはこのことをいう。教学不二ということを「教えること」と「学ぶこと」が一つであるなどと考えている者もあるが、そんな形式的なことではない。

＊　＊

理と機

禅宗では「不立文字」「教外別伝」といって、文字や概念などを排斥するが、同じく禅宗の書である眼蔵は、文字や概念をどこまでも生かし論理を駆使して、「徹底理」として文字や概念を展開してあるところに、他の禅門の書に比を見ない現代的意義がある。禅師は「仏道は言語を絶しているものだから言語無しでやって行くというのは間違いである。言語を真に生かして人格の表現たらしめるところに、真の人の人としての働きがあるのだ」と教えておられる。

眼蔵は「論」と「理」を駆使しながら「論」理を論「理」たらしめるところに、その深い現代的意義がある。論理を投げ捨ててまっしぐらに悟に向うところに宗教の面目があると言うが、科学的論理的な現代的風潮に於いて、ただ概念や論理を投げ捨てて顧みないならば、それは現実的であるべき宗教が現実から遊離している。本当の宗教というものは、現実を現実として、まことに把むものでなければならない。もし現実を無視して昔ながらの立場を固守するならば、それは現代の宗教と言われる資格はない。それは「論」理を論「理」として生かすことを知らないからである。真実の「宗教」は「理」として展開せられ、又真実の「科学」は「教」を地盤として持たなければならない。

ところで「理」というのは、「ことわり」「すじみち」という事であって、「理」が現実のものとして動いている場合は、これを「機」といっている。だから「理」というものは「機」の断面、「機」の固定された姿だと言える。「機」は「ものごと」の体験的、具体的、把握的な面を示しており、「理」は「ものごと」の経験的、抽象的、理解的な面を示している。「眼蔵」で最初に読むべきものとして「現成公案」の巻があるが、この現成公案ということを簡単に言うと、「公案」とは具体的な「ありのまま」ということであって、「機」に当っており、「現成」とは「あるべき」ように「なる」ということであり、「理」に当っている。

我々が「ものごと」を、我々のものとして把んでくるには、どうしても、「ありのまま」を「あるべきもの」として、即ち「機」を「理」として、把んでこなければならない。我々のやっている「ものごと」の人生的価値と文化的意義を知るには、どうしても「理」として、「あるべき」相として把んでこなければならない。「機理一如」という立場、即ち「理解」と「把握」、「理智」と「体験」とが一体になった立場に於いて、始めて「ものごと」が「ありのまま」に現成する。即ち、「公案として現成せるもの」(ありのままの動き)を、「現成せる公案」(ありのままの相)として把むことが科学する者にとって根本の問題である。眼蔵は実にこの「現成公案」として「機理一如」を識得させ、「行」の意義を体得させるところに、科学する者に直接迫ってくる強い力がある。

この「ものごと」がありのままに現成するというのは、「観るもの」と「観られるもの」とが一つになって動いている境地（この時、機と理とは一如となって動いている）、即ち、「観るものなくして観る」という「行ずる」立場において始めて可能である。この「機理一如」ということは実は「行」の現成であって、眼蔵には一貫してこの行の意義が示されている。科学は「科学を行ずる」ことによって生々たらしめられる。「行」は物と我とが一つになった「観るものなくして観る」という「無我の境地」においてのみ行ぜられる。これはひとり科学だけではなく、人の人としてのあらゆる営みはこの「無我なる行」においてなされるのである。

＊　　＊

物にゆく心

この頃「科学の主体性」と云って、科学をたゞ対象をあつかうものとして把むのではなく、主体的な我々の働きにおいて把まなければならないと云われている。しかし科学方法論では、主体と云いながら、それを対象の側に投影して傍観しているのではなかろうか。西洋流の科学論はその建前として「主体」を自己の働きとして把かことを知らない。ところが眼蔵には、この科学的な客体的な立場をそのまゝに、主としての立場に転換せしめ、まともに主としての働きの立場を獲得せしめる道が示されている。

正法眼蔵の「現成公案」では、まづ『自己をはこびて万法を修証するを迷とす、万法すすみて自己を修証するは悟なり』と言っている。この「自己をはこびて万法を修証する」というのは、自己とは何ぞやということは考えてみもせずに、ただ対象ばかりを問題にすることであって、それは即ち「迷」の立場である。これは対象を客体として追求する現代科学の立場である。次の「万法すすみて自己を修証する」というのは、万法によって自己の体験があらしめられるという立場、言い換えれば「ものごと」によって自己が「返照」されるという立場であって、それが「悟」の立場である。

道元禅師によれば、万法を把握するには二つの立場、即ち「迷」「悟」の立場があり、これが常に同事に現成するのが現実である。だから、迷、悟、は一如であって「迷」に徹すれば「悟」になる。「迷」の立場において「ものごと」を行うのを、仏教では「錯」という。対象にかゝづらわっていることである。しかし「迷」に徹するというのは「迷いきる」ことであり、「徹底錯」することであり、そこにかえって「悟」が現成する。したがって、いわば「迷」の立場、錯の建前に立つ「科学」でも、それに徹すれば必ずや「自己の把握」即ち「悟」がひらける。

眼蔵ではまた『迷を大悟するは諸佛なり』と言っている。「迷」を対象としてこれをつきつめて自己の識得（大悟する）とする者が真の佛、即ち、人としての働きを働く者である。「迷中又迷」と迷った上にも迷いぬくことによってこそ「悟」がひらけてくる。自己というものが明らかとなる。したがって「自己をはこびて万法を修証する」の転じて「万法すゝみて自己を修証する」という立場に持ち来すところに真の「さとり」がある。

では、この様に迷に徹した「迷悟一如」としての境地とは如何にして獲得出来るのであろうか。「現成公案」の中に『佛道をならうというは、自己をならうなり、自己をならうというは自己を忘るゝなり、自己を忘るるというは万法に証ぜらるるなり』とある。「万法を証する」ことに徹して眞に人の人としての働きを獲得して万法に証せられるためには、「自己を忘るゝ」のでなければならない。そして「万法に証せられる」には『自己の身心および他己の身心をして脱落せしむるなり』であって、身心一如、自他一如（物心一如）でなければならない。これも「自己を忘れる」ことに外ならない。この「忘自己」においてこそ、万法に証せられあらゆる「ものごと」が創造展開せられるのである。つまり「自己を忘るゝ」ことによって、「自己をならう」ことが出来るのであって、自己を忘れて科学するとき、正しく「ものごと」が把握識得せられ、科学は創造される。

科学をあらしめる根底は「実証」にあると云われる。科学のみでなく、あらゆる「ものごと」はこの実証において成り立つ。しかし実証とは、ただ形式的に実験したり、いはゆる証拠物件にこだわることではない。実なることを証する働きであり、結局は実験において明々白々であって「信じて疑はない」ということが根源なのであって、これは、「行ずる」ことにおいて始めて可能となる。眼蔵の「書餅」の巻に『諸佛これ証なるがゆえに、諸物これ証なり』という言葉があるが、これこそ実証を実証たらしめる根源を喝破したものである。眞に人の働きをあらしめるものも「証」においてゞあり、真に物をあらしめる働きも「証」である。無我の「行」において把まれた「証」という働きによって科学が科学たらしめられ、人が人たらしめられる。

日本精神の根源は、実にこの「無我なる行」にあるのであり、ひたすら「もの」に隨ってゆくことによって日本人の心は澄まされるのである。本居宣長は「そはただものにゆく道こそありけれ」といっているし、儒教では格物（ものにいたる、ものをたゞす）といっている。この「物にゆく」ことによって物と心とが一つになって動くところ即ち、「自己の身心、および佗己の身心として脱落せしむる」ところにこそ「証」する働きが現成し、日本精神の根源は科学精神の根源と全く一如となって展開する。

しかし、ただ体だけ動かして形式的に実験をやっていれば日本人としての自覚が出てくるのではない。それには本当に実験「する」のでなければならない。己を空しうして行じてゆかなければならない。精進に精進を重ねて物にゆくのでなければならない。『修せざるにはあらはれ』ない（辨道話）のである。修することによって生まれながらの大和心、日本精神が発露するのである。

＊　　＊

自然

自然科学がとっている建前は現象の背後にかくされている実在あるいは本体を把むことであるといは

れている。従って現象とは、何かその本体というものがあり、それが変化していろいろな相として現象すると考える。そしてこの本体を形として把かみ出すのが自然科学の目的であると考えられる。しかしよく考えて見ると、自然科学で「本体」といっているものは現象をいろいろ「理」として組立てることによって「本体」とか「実在」とかと考えるに過ぎない。例えば顕微鏡で細胞を観察する場合、細胞が実際そうなっているから、そう見えるのではなくて、そう見えること（現象）によって細胞はそうなっている（実在）と考えるだけのことである。現前している「すがた」としての現象が根本となっていわゆる本体をでっちあげるのである。

現するものをそっくり「そのまま」に把むこと以外には「ありのまゝ」はないのである。この「ありのまゝ」ということ、それがとりもなおさず「実在」なのである。従って現象を我々の働きにおいて「ありのまゝ」に把み出して来ること以外には「実在」ということはない。この意味においてはじめて「現象即実在」といえる。「ありのまま」を「ありのまま」として把んで来る、それを「観察」というのであるが、「実験」は道具を使って「ありのまま」を観察するに過ぎない。この観察することによって「ものごと」が展開する以外に学問というものはない。自然科学は自然現象を説明するものだとか、自然の記述でよいのだとか云われるが、要するに現象を「ありのまゝ」に把むこと（観察）以外に自然の記述ということも説明ということも問題にはなり得ない。「自然」とは現象を「ありのまゝ」に把むことによって自然でありうるのである。三浦梅園は「自然而自然」といっている。自然は「然ら使（し）むる」ことによって自然となるというのである。自然とは実に自（おのづか）ら然るもの（客体）が自（みづか）ら然るもの（主体）として転ずるところに現成する。

道元禅師は、「真の自然とは、物を逐ひて己となし、己を逐ひて物となす、という物と心とが一如となって回互転換しつつどこまでも休むことなき流動において現成するのでなければならない」と喝破しておられる。西洋流の素朴二元論の立場から「我対物」、「人生対自然」として一つのものを無理に絶縁してしまったり、そしてそれを弁証法の論理によって故意に結びつけたり、或は相補性だなどと云って一つのものを二つにわけて又一つにしたりする様な独断的な立場からは厳粛荘厳なる自然の実相は把まるはずはない。自然とは、実に人の働きによって然らしめられることによって自然となりうるのであり、人生をうちに包んだものである。『山河大地日月星辰までも修行せしむるに、山河大地日月星辰かえりてわれを修行せしむるなり』（諸悪莫作）とはこの間の消息である。自然に徹するとは自己に徹することであり、そこに「無我」なる「行」が行ぜられる。我々は「唯従自然」によって、自然を自然たらしめるとともに、自己を自「己」として把握出来るのである。古来真に偉大なる科学者は皆立派な人間であったことからもこのことは証せられている。

この自然にひたすら従う（唯従自然）ことによって我々は「自然」の説法を聞くことが出来る。道元禅師の百年ばかり後に出た大智禅師の偈に「無情説法有情聴。風攪寒林葉満庭。墻壁無人却有耳。燈籠露柱且低聲。」というのがある。「冬木立に風が吹き過ぎて落葉が庭をうずめつくしている。垣根も壁も無情のものであるが、かえって自然の声を聞くことが出来るのだ、それ、燈籠も本堂の柱もひそひそと囁いているではないか。無情の声を心をひそめて聴け」と云う意味である。己を空しうして自然と一つになるとき、我々は自然万物から絶え間なく大説法を聞くことが出来る。科学者の立場といえどもこの「無情説法有情聴」以外にはないのである。

道元禅師は『佛教は万象森羅なり』(佛教)とも云われている。森羅万象を、佛教すなわち真に人が人となるべき教として把握する者によって、佛教も佛教となり、森羅万象も森羅万象として現成するのである。同様にして「科学は万象森羅なり」とも云えるのではあるまいか。すなわち自然を科学として把握することによって科学は科学となり、自然は自然となる。宗教と森羅万象、森羅万象と科学を一如としてあらしめるものは佛教「者」又は科学「者」としての働きでなければならない。この「者」としての働き、換言すれば「行ずる」働きによって宗教も科学も一如として「人生」のものとなるのである。

＊　＊

傍観と自観

以上、科学と宗教は一つの地盤に立つものであり、科学も宗教も「行」の展開であることを述べて来たが、「自然科学」の行き方はあくまで自然を対象とする「傍観」の立場に立つのであり、これに対して宗教は自己の働きを明らめてゆく「自観」の立場に立つものである。しかし真に「自観」(悟)に立つには、前にも言った様に、「傍観」(迷)が必要なのである。即ち、宗教は科学に俟たねばならないのである。又、傍観に徹するには「自観」の立場が必要なのである。すなわち科学に宗教の必要な所以である。

道元禅師は、この自然即人生即世界としての「盡十方界真実人体」を把握する道として『仔細に検點すべし、検點を仔細にすべし』(行佛威儀)と言われる。これは「ものごと」は仔細に検點しなければならない(傍観)、しかし、検點する自己そのものをも仔細に吟味して見なければならない(自観)ということである。自己というものを棚にあげて、対象を細かく分析して論じても意味がない。観る自己、論ずる自己、行ずる自己を仔細に反省把握するのでなければならない。このように、「傍観」、「自観」は両方とも同時に展開されなければ真実の「ものごと」は把めない。科学上の研究においても、結論を出したり結果について細かく云々する前に、その方法を吟味し、その実験誤差をたしかめ、一つ一つ装置や操作などについての検點を仔細にやらなければ正しい結果は得られない。科学の成果を観る場合に、実験の方法が問題になるのはそのためである。私のたづさわっている生理学に於いても、生命現象を考究する場合、それを「生命」現象として把握の実体として取扱う立場と、生命「現象」として理解の対象として観る立場とがあるが、この把握の立場と理解の立場とは決して矛盾するものではなく、両者相俟って始めて、「生命現象」としての把握が出来るのである。この様に自観としての把握と傍観としての理解とは一つとなって動いているので「生命現象」は不可思議なるものとして、思議によっては到達出来ないものとして宗教の問題となり、他方思議すべきものとして、思議によって展開せられることによって科学の対象ともなりうるのである。

我々の最も緊急な問題は、西洋から取入れた科学を如何にして日本科学として創造してゆくか、又傍観に偏せる科学を如何にして真実の科学たらしめるかである。即ち、科学を如何にして日本科学たらしめるかである。それへ向って解決の光明を投げかけているものが、実にこの正法眼蔵なのである。

日本人の学としての自然科学

「生命と科学」
目黒書店、昭和十六年刊より

現代の学問の主流は自然科学であると云われております。現代のわが国の学問・教育の傾向もその主流をなすものは自然科学であります。私自身もそのような教育を授けられ、いわゆる現代医学の教育を受けた者の一人であります。そして現在も生理学の研究に携っている者でありまして、いわば徹頭徹尾自然科学の波に揉まれて来た者であります。

私は学校を卒えて直ちに臨床医学の分野へ向かったのでありますが、何か拠りどころのある「確かなもの」が把み度いと云う漠然たる気持から、橋田邦彦先生の下で生理学の実験をやらせて頂く様になりました。爾来先生に師事すること七年余、「実験室は道場である」、「実験は自然科学者の行である」、「我々は自然科学の行者でなければならない」と云うことを身を以て始終導いて頂いているのでありますが、未だその境地に到らず不甲斐なく思っている者です。

この様な次第で、私が自然科学について云々することは誠に烏滸がましいのであります。ただ、実験することによって私にも知り得られましたことは、限られた小さな事物に対しても、「確かなもの」や「確かなこと」を把むことの如何にむずかしいか、そしてこの実験することは「確かなものを把む」、否「不確かな考えを打ち破る」ために如何に有力なものであるかであり、「科学すること」によって、「人生把握」の道に参ずることの出来ることをおぼろげながら感じて、安住の地を見出し得たことを感謝しております。

ところでこの度、私に何か話をせよとの事であります。特別に何もお話申上げる物を持ち合せませんが、私が平素実験に携りながら少しく問題にしていることについて話させて頂き、皆様方のお教えを願いたいと思います。それは自然科学とは何か、我々日本人が、いわば西洋の学問である自然科学をやることの意義や立場とは、と云う問題なのであります。

自然科学について近頃色々に云われているのを聞きます。可成り真面目に物事を考えている人々でも「自然科学は知識のみの学問である」、「科学的な知育の弊害を矯めるにはもっと徳育に力をそそがねばならぬ」、「自然科学的な学問は果して我々日本人に適するか」、あるいは「日本人の性格は宿命的に科学するに適さない」などです。さらに「自然科学は欧洲の物質文明の産物であって、我々の東洋的な精神文化とは相容れない」とか、「科学的に物事を考えることは日本精神の発揚を妨げる」ないしは「科学的思想は危険思想なり」とさえも云われています。しかしこれ等は自然科学に直接携っていないいわゆる門外漢の言で、意に止めることも無かろうと思います。しかし、実際自然科学に携っている人々から「自然科学の事実こそ真理である。真理は国を越えて国際的なものである」とか、「日本の科学などと云うものはない、あるものは世界の科学だけだ」とか、或いは「科学することは自由である、国境にわずらわされるべきでない」と云う様なことを聞かされます。そのたびに私は自然科学とは何か、又、それをやることの意義について考え直して見なければならないと思うのです。

「科学することが国を忘れることであり」、「日本人たる自覚を失うこと」であれば大変です。科学の門外漢から云われる「科学排斥」の声はもっともであるとも考えられます。しかしこれとても、排斥せらるべきは「自覚なき科学者」なのであって、「我々のやっている「自然科学」でないことは明らかであります。この際先ずはっきりさせておかなければならないのは、「自然科学」とは一体何かと云うことであります。自然科学は人をはなれ、国をはなれてありうるものであろうか、また自然科学は「学」として如何なる立場に立つものであろうか、と云うことであります。そして更に、この自然科学を我々がやる場合には如何に見なければならないか、即ち自然科学は「学」としてわが国在来の学と異るものであるか、又、自然科学の「自然」は我々が考えている自然と全く同じものであるかと云うことであります。

はたして「自然科学」は日本人の学として培わるべきでないものでありましょうか、或いは「日本人」は科学することによってその発展を妨げられるものでありましょうか、この様な問題について私は少しく考えて見たいと思うのであります。

＊　＊

「自然科学的」と云う言葉がよく用いられますが、これは一体如何なる意味に用いられているものでしょうか。

自然科学的とは一般に「客観的」、「物質的」、「抽象的」、「分析的」、「部分的」ないし「専門的」、「知識的」などの意味に用いられ、或いは又「経験的」、「事実的」、「実証的」の意にも用いられています。例えば、「自然科学的」医学について考えて見ても、これ等の多面的な意味を持っていることが容易に解るかと思います。「現代医学は行きづまった」「現代の科学的医学では病人は治せぬ」とも云われ、又一方では、「頼りになるのはやはり現代医学だ」、「医学も科学的でなければならぬ」とも云われています。これらは現代医学（科学）の持つ欠点と長所のそれぞれ一面を示していると考えられます。しかしこれらは自然科学を固定した時に云われる言葉であります。「自然科学は知識の集積である」、「科学は国を超える」などと云うのと同じく、皆科学の成果を云々しているのであります。人の創造としての生々とした学としての自然科学は、これとは様子の異なるものでなければならぬと思うのです。自然科学は「自然」を対象として、これを「客観的」に研究する学問であると云われます。しかしここに重要な問題がありま す。それは「自然」とか「客観」とかは如何なるものであるかと云うことです。一般に、自然科学の「自然」は客観的なもの、人に対立するものとして考えられていますが、真の自然は人をはなれてあり得るものではありません。純客観も主観（人）をはなれては成り立ち得ないのであります。同様にして人生は自然をはなれてあり得ないことは勿論であります。この問題については橋田先生が述べて居られますように、「我々はいわゆる自然と一体なることに於いてのみ自然を把握することが出来る」のであります。「人生即自然」、「自然即人生」の立場に於てのみ自然の把握がなされるのです。この様な自然の観方は実に我々日本人が昔からやって来た特異な自然観でありまして、我々が自然科学をやり、また考えていく上に誠に意義深い観方であると思います。「日本は個物の氾濫であり、抽象の飢饉であった、純客観として本当の自然を観ることの訓練はなされなかった」と云う人がいますが、この「自然」、「客観」の日本人的の観方は決して貧困であったのではなく、むしろ西欧人の自然観と異る特異なものをもっていたと見なければならないと思います。この問題は大いに反省されなければなりません。

＊　＊

自然科学の目指すところは「純客観的な知識の体系」を形造るにあると云われます。しかし全然人からはなれて知識はなく、かかるものの配列が科学ではあり得ないことは勿論です。科学は事物についての知識を創り、体系を形造るものでなければなりません。それには根底に於て、事物のありのままの姿が把握されていなければなりません。換言すれば自然科学に於ては「自然の事物をありのままに観る」

ことが出発点でなければなりません。従って、自然科学することは「ありのままに観る」ための工夫でありります。「見られたもの」と「外にあるもの」とを合致させるための努力であります。それ故、科学に於ては記憶（知識の集積）よりも考察（知識の運用）が、そして知識（得られたもの）よりも方法（得ること）が大切なのであります。自然科学に於ては、「分析」と「抽象」とが行われており、その広い意味に於ける方法としては、「観察」、「実験」、「推理」を通して「体系」ないし「理論づけ」が行われ、観察とは物を「見る」ことですが、実は見ることによって物が現れるのです。実験とは物をたよりとして「考える」ことです。物に近づくための工夫でありまして、これが狭い意味の方法と云われるものでありま す。推理とは物について「知る」ことであり、知るとは「わけ」を見出すことであります。「体系づけ」とは「わけ」或いは知識を組み立てて正しい「考え」を心に持つことです。この正しい考えを心に持つことが、正しく事実を把まえることです。即ち、事実とは正しく考えられた事物であり、事実であるためには正しく物が見られなければならないことに繋がりを待ちます。結局自然科学の方法は「観察」につきるのです。そして、この科学的思索の根底には認識の問題が横たわっており、科学の方法の中には哲学的な批判が含まれることになります。そして、これら科学することの根底には、道元禅師の「身心を挙して見取する」「行」の立場がなければなりません。かくして、「こうすれば」と考えたことが、「斯うなる」と云う事物に合致するのです。換言すれば、事物から得られた知識が正しければ、この知識は常に事物に還元せられ、抽象された知識が具体的な事物として実現せられるのです。自然科学の目指すところは知識の具体的な把握です。科学の行き方は「事実」を尊んで、不用意な予断や不確かな概括や結論を戒めるのであり、それ故に「企てて観」（実験）「心して見る」（観察）のであります。

こう観てくれば、科学の方法はいわゆる「見る」ことよりも「考える」ことが主であるとも云えます。即ち「観る」ことであります。これは「立場の問題」であり「心の問題」です。自然科学の道は、「事上練磨」であり、東洋本来の学の道と何等異なるものでは無いのであって、異なるところはただその表現にあるとも考えられます。

＊　　＊

「自然科学は分析的であり抽象的である」、「分析したり抽象したりしても本当のことはわからない」、「得られるものは、自然の像であり、事柄の平均値であるに過ぎぬ」などと云われます。全くその通りです。自然科学に於て求められるものはいわゆる「自然法則」です。或一つの事象は実験により幾つかの事象に分析されます。数個の事象は分析によって更に多くの事象に分けられます。これは一見数少いものから数多くのものに複雑化する様ですが、実はこれらの分析された数多くの事象は互に共通な点を持ち、それ等を抽象し綜合することによって「自然法則」が組み立てられるのです。従って、この科学に於ける分析は、綜合のための分析です。

自然法則はこのように「抽象物」であり、「像」であります。自然科学によって得られた法則は、結局「あたらずと雖も遠からず」と云ったものです。しかし、我々が言葉で話し文字に記したものは、その内容の如何を問わず何等かの意味で事実から抽象された像であります。我々が反省し表現する時には、具体的なる事実そのままではあり得ないのであることは確かなことです。総じて「何々学」と云われるものは皆「抽象的」なものです。言葉それ自身が事物から抽象せられて出来上ったもので、その言葉を組み立てて出来上ったものが学問だからです。では学問は具体と関わりのないものか、又、自然科学は意味のないものかと云うと、決してそうではないのです。具体的な事実から抽象して学を作り上げることも「人の働き」であり、この抽象的な学問を具体にかえらせることも亦「人の働き」です。流動する具体的なものから抽象し固定されたものが「学」と云われるものであり、抽象固定せられた「学」を具体化し流動化することが「術」と云われるものです。学も術も共に「人の働き」によって創造されたもの、元々一如のものであって、学なき術も、術の伴なわぬ学も共に全きものであり得ないのです。「東洋の医術」、「西洋の医学」と云うのは見方と立場の相違であり、真実把握のためには「学術一如」であるのは当然なことです。

＊　＊

「自然科学的な現代医学だけでは病人を治すには不十分である」と、真面目な医学者は考えています。

これは蘭学輸入当時の医人達が「皇漢医方だけでは不十分である、泰西の医学も取り入れなければならぬ」と考えたのと同様なことです。現代の医学は内容は極めて豊富であるにも拘らず不十分だと云われるのは何故でしょうか。これは記載された事柄が治病の事実に持ち来されないからと思われます。これは抽象され方（記述）の不完全なためにもよりましょうし、具体化の仕方（運用）の不十分なためでもありましょう。しかしここでは人の働き（運用）の問題が閑却せられているのではないかと考えられます。この点、蘭学輸入当時とは逆な意味に於て、現代の医学者は皇漢医方の行き方を取り入れなければならないと思います。

自然科学的な事実と云われるものも、具体に還元されなければ無意味なものです。いかに花々しい理論も、如何に壮麗な体系も、具体的な事実の背景がなければ結局は空中楼閣であるに過ぎません。「生き物」を対象とする自然科学である物理学に於ても、事実を把握し記述することは困難です。まして「生ける物」を対象とする場合には、その全機的な連関において把握し記述することは一層困難であり、又記述されたものを全機の現に持ち来すことは極めてむずかしいのです。対象が、「人間と云う生き物」である場合にはその困難は更に倍加します。生の把握なき者によっては、医の具体化は不可能でさえあります。ここに医の術の難き所以があります。実にヒポクラテスの言う如く、「生は短かく、術は成り難し(Vita brevis, ars longa)」です。把握によらざる浅薄な理論がその弱点を曝け出すことが、医学に於ては他の自然科学に於けるよりも特に著しいのです。医の学もまた「成り難し」(少年易老学難成)です。医に携わる者は、西洋医学に向うと東洋医術に進むとに拘らず、大いに発憤努力しなければならないのです。

寺田寅彦博士は「IGAKU TO IZYUTU」(全集第十巻)の中で、「医学が純粋な科学であるためには、人間の体と云う物がどれもこれも同じものであると考えなければならない。若し総ての人間が異なったものだとすれば、実験的の法則や知識は得られない。少くとも或程度までは同じと見て人間を取り扱う。科学としてはこれは無理の無いことである。然しこの様な立場から得た科学的の知識をひとりの病人に応用して治療するとなると中々むずかしい。」と科学的医学の立場に対して警告しておられます。

更に、「或る一人の患者の或る病気を本当に治療するためには、その人の体質は勿論、それまでに罹った色々な病気の影響も考えて見なければならない。殊にその人の日常生活——食べ物や職業によって体を使う模様のちがい、それからその人の性質や又まわりの事情がその人の性質に及ばす影響——この様な色々の事柄を勘定に入れて見なければ本当の治療は出来ない訳ではあるまいか。医術に物質的な科学を応用するのは良い事であるが、同時に人間が物質ではないことを忘れない様にしてもらいたいものである。」と医の実現には全機的な考察が重要なことを指示しておられます。「自然科学の達人」の云われることは、「優れた医人」の言と全く同じであることがわかります。

＊　＊

自然科学の特徴である「分析」に於して、「分析してもわからない」と云われるのは、「分析しただけでは本当のことはわからない」と云う意味でなければなりません。又「生命は分析によって生なきものに還元されてしまう。生の分析はゆるされない」とも云われます。「要素主義」(Elementarism) に対抗して興った「全体主義」(Holism) の人々の云うところも大体それであります。しかし「生」と云えども、何等かの意味に於て、分析され抽象されなければ我々の学として認識されません。生の分析でなく「生として分析する」のであれば、どこまで分析しても差支えないと思います。たとえ磨りつぶすことであってもそれが「生として分析」するのであれば、「生」を独自な自然科学として取り扱う立場であると思います。勿論、この場合には無生の自然科学（物理学）とは自ら異る「分析の仕方」があり、「分析の限度」があるのでありまして、橋田先生の「全機性」の観方が重要な意義を持つのですが、これについては只今は申上げません。要するに、「具体的な事実に即した分析とその実証」(ベルグソンの科学的直観)を自然科学が要求しているので、自然科学の各分科でそれぞれ「分析の方向」と「実証の仕方」が異なるのは当然です。自然科学に於て「分析」が戒められるのは、立場を忘れた分析が真実の把握を妨げるからです。「分析より綜合へ」と云うのは「抽象より具体へ」と共に、近頃の学問に於ける標語でありま す。しかし、分析を中途で止めることは綜合への道ではありません。綜合とは外から寄せ集めることではなく内部から統一することでなければなりませんが、それは分析をし尽すことによって到達せられます。科学精神とはねばり強い分析の精神であるとも云えます。これによってこそ実験の方法や分析を超越して、綜合統一の「ありのまま」の世界へ入り込めるのです。東洋精神とは形だけさとりすました東洋趣味ではない筈です。熱し易く冷め易い、いわゆる空元気でもないのです。どこまでも「真実の把握」を追及して止まない底のものです。東洋精神ないし日本精神の神髄は、「ねばり強い」「辛抱づよい」ものの筈です。西洋でも偉い科学者は皆「ねばり強い」人ばかりです。その伝記を読んで見てもその頑張りは驚くばかりです。この点でも本来の東洋精神と西洋の科学精神とは何等異なったものではないのです。西田幾太郎先生は「自然科学をただ道具としてだけでなく、これをとり込んで日本文化を建設することを忘れてはならぬ。それには独断的信念は何もなさぬ、自己批評的であり、事物に対して研究的でなければならぬ。自然科学は自然科学の精神を持っている、自然科学をそれぞれの精神に於して把まえなければならぬ。」(『続思索と体験』、知識の客観性)と云っておられます。自然科学をその精神に於て把み、自然科学のやり方でどこまでも徹底的に探究すべきことを教えられているのです。

* *

自然科学の行き方は、以上述べた如く、「真実把握」へ向かっての「求めて止まぬ求道」の精神を要求するもので、その方法に於て「実証的」なものです。こうして自然科学の成果が「たしかな事実」として我々に把握されるのです。自然科学が「人間の創造の学」であり、自然科学への道が「人生活動発揮の道」であり、「流動把握の法」でありうるのです。ある人々が「科学主義」とか「実証主義」とかと云いながら、その実固定された「公式主義」に取りすがっているのは、真の科学精神とは全く対蹠的なものです。そしてこの「公式」のわなに最もかかってならぬのに最もかかり易いのがいわゆる自然科学者であります。自然科学に対する避難は多くこの似而非科学者に向かってなされるのです。自然科学の公式を打ち破り、流動化して真の自然科学たらしめる者こそ本当の自然科学者なのです。即ち、自然科学は自然科学者と共にあるものです。そして自然科学は、「自然科学者の行」によって獲得されるものであることを橋田先生は常々、「生を分析的な立場から識得すると同時に、非物質的なものとしてつかまえなければならない。即ち、身心一如の立場からつかまえなければならない。そうでなければ、現代に於て科学は本当の科学として成り立ち得ず、宗教も本当の宗教と成りえない」と述べておられます。自然科学的な分析的な立場がわるいのではなく、それは、真実把握に向かっての有力な立場であるが、それだけではものの半面であり、他の半面であるところの宗教的な非分析的な立場が要求せられることを強調されているのです。自然科学の行き方は、従って人間的要素を多分に含んだ独自なものでなければならないのです。私の携わっている生理学についてみても、ドイツにはドイツ風の生理学があり、フランスにはフランス風の、イギリスにはイギリス風の生理学があります。そしてその国の風にしたがって深く掘り下げられています。又同じ国でも各学派に従ってそれぞれ学者の個性がその論文に現れております。そして偉い学者ほどその個性の香気を多分に放ち特異な味わいを持って、それぞれその国の伝統を生かしています。

科学の国家性か国際性かの問題に対して、寺田博士は「科学は普遍的なものであって国境を無視し、人間の個性を超越しなければならないと云うのは科学者の理想である。しかしそう云う理想は基礎的な物理学でさえ中々実現されない」（『物質と言葉』）と云っておられます。自然科学が人を離れ国を離れてあるものでないことを、そして又、自然科学もその国民性を背景として伝統の中に生まれ出るものであることを教えられたものです。さらに橋田先生は、「科学は自覚した人の創造するものである。そして日本人が人として自覚することは、日本人たることを自覚することに外ならないから、日本の科学者が人としての真の自覚を獲得すればやがて日本の学術が創造せられる」（「自然科学者と宗教」）と述べておられます。そして「科学的活動をする者は誰でも日本的な立場に立たなければならない。しかし日本的と云うのは排他的と云うことではない、日本を中心として世界を包容すること、世界の文化を自己に集中させることである」（「道としての教育」）と教えられます。自然科学する者は、日本文化の建設のために広く外国にも学ばなければなりません。日本人たるの自覚を以て、日進月歩する自然科学の潮流の真只中にあって、自己の携わっている方面を堂々と押し進めて行かなければなりません。それには単なる欧米の模倣ではなく、もっと腰を落付けてどっしり構えなければならないのであります。いわゆる効果をねらい、能率増進と云った、人に見せる為めの「悟性的浅慮の焦燥」であってはなりません。南洲翁の「人を相手にせず天を相手にせよ」であります、「千万人と雖も我行かん」と云う態度であります。

わが国の現状に於て、この自然科学が人生の創造の学として、又医学が日本の医学としての使命を果たしているか、現状のままで放って置いて大丈夫かということについては、今は述べることを差し控えます。ただ、「自然科学をして日本人の学たらしめよ、日本人の学としての自然科学を建設せしめよ」と願うのみであります。

橋田先生の御最期

東大生理学同窓会編「追憶の橋田邦彦」

鷹書房、昭和五十一年刊の座談会記録より抜粋天皇陛下の終戦の御詔勅は小金井の教学練成所の所長室で、所の職員一同が参集して聴いたのでした。放送の後で橋田先生は所長としての訓辞をされた。声涙ともにくだるお話は今も烈々として耳にのこっています。西郷南洲の「国の陵辱せらるるに当たりて縦令国を以て斃るるとも、正道を踏み、義を尽くすは政府の本務なり……」を引かれて道義の重大なることを惇々と説かれたのです。

一同退室してしまったあとで先生は私一人をおよびになり、「まあそこへかけたまえ」といわれ、いつもの通りの温顔で何気なく、「西郷さんは大したものだね」とおっしゃったのです。そして「義理と人情とをそのまま包んで、何も言わずに死んでいった。すばらしい」といって、しみじみと感に堪えたという御様子でした。私は何とお返事してよいかわからないので考え込んでいましたら、先生は「早すぎてもいけないし、遅れればなおいけないし、難しいものだね」といって、いつものように静かに笑っておられるのです。そのとき、あるいは、という一抹の不安を感じたのでしたが、その後練成所や大学にいつものようにお見えになるので、私の不安も杞憂であったのかと思ったのでした。

ところが九月十二日にラジオで、先生が戦争犯罪人として指名されたのです。その夕方、多くの教室同窓の方々が先生のお宅へ来ていました。先生はいつもの通り談笑しておられるのですが、不安の影は次第に心を濃くおおってゆくのでした。

十三日の夜先生のお宅で何人かの方々と御馳走になりました。食後、山極さんらと一緒に御書斎で先生を囲んだのです。明朝九時に米軍の召喚ということで、山極さんはうなだれてしまわれ、私は一言も言葉が口に出ない。しばらく沈黙の時が続いて、お庭の虫の音がひとしきり高くきこえてきました。

　先生は「滅入ってばかりいてはダメだ」と山極さんの肩に手を置かれて、それから側の一管をとりあげて吹きはじめられた。いつもの阿字観の曲、浪々たるその音色、一糸乱れぬ呼吸、すべてを音に託しておられる。先生の吹奏に応えて山極さんも一曲吹かれた。私には何とも言えぬ気持ちでした。世にも有り難い師と弟子の尊い、うるわしい、そしてかなしい姿を伏しおがんだのでした。曲が終ったとき先生は、「久しぶりにいい音を聴いた、ありがとう」と心から喜ばれました。しばらく去りやらず、お宅を辞したのは夜更けでした。暗い道を山極さんとお別れした時は、明日のお別れを思っていいようのない淋しさでした。

　十四日午後二時頃、私は山極さんと先生の御書斎におりました。山極さんは先生の御決意をまげるべく、いろいろ言葉をかえて、激論というかくってかかられたのです。先生は、はじめからそうですが、この日も、「死」ということは一言も言われなかったのです。諄々と道を説かれて、しまいには「まあ、気が変わるということもあるから」と静かに微笑しながらいわれました。私は、師と弟子の、世にも清く、高く、麗しい応対をただ尊さに打たれて、またしても一言半句もいうことができず、うちまもるのみでした。全く不甲斐ないことであります。御用を承ってお宅を出たのは二時半頃でした。

山極さんは「黙って死ぬより、敵にむかって堂々と所信を披瀝すべきである」とか、「日本の青少年の志気を鼓舞するためにも」とかおっしゃったのです。これに対して先生は、「今は青年の志気を鼓舞すべきではない」といわれました。とにかく、山極さんは先生の御決意を妨げようと必死に頑張られるのですが、先生の腹は決まって微動だにしないのです。

あとで考えますとこれらのことは先生が自決される約二時間前のことです。その時は米軍の召喚の時刻は全然わかっていませんでした。先生のお言葉や御様子はいつもと変わらないので、自決されることはお宅の方にもわからなかったくらいです。食事の時も、御飯の中に何かあったので取り替えてくれ、というような調子でした。しかしお言葉のはじはじをつなぎ合わせて考えてみると、「天皇陛下が御用があるとおっしゃられるうちは草の根をかきわけても逃げ隠れる」、「用はない、行け、とおっしゃれば行く」、「しかし敵の前へ出るのは絶対に嫌だ」ということから、どうされるかは大体わかったのです。その時期は勝手に決められるのではなく、召喚が来れば出ていくが、敵の前に立つ前、ということで、きわめて限られたむずかしい時期になるのです。そして先生は来訪した米国軍人に同行するため玄関で靴をはかれる直前に服毒され自決されたのでした。

＊　＊　＊

先生の御遺言は、

大東亜戦争開始ニ際シ輔弼ノ大任ヲ拝シナガラ其責ヲ
果シ得ザリシコトヲ
謹ンデ
皇天ニ対シ御詫申上グ
天皇陛下万歳

道義ノタメニ戦フト称ヘナガラ義ノタメニ国ヲ賭スル迄戦フコトヲ得ザリシ日本ノ国民ノ一人トシテ盟
邦各国ニ罪ヲ謝ス

生キ永ラヘテ尚尽スベキ務ヲ果シ得ザルコトハ苦中ノ苦ナレドモコノ苦ヲ忍ビテ義ニ赴ク

今回の戦争責任者として指名されしこと光栄なり。さりながら勝者の裁きにより責任の所在軽重を決せられんことは、臣子の分として堪得ざる所なり。皇国国体の本義に則りここに自決す。或は忠節を全うする所以にあらずと云はれんも我は我の信念に従ふのみ。大詔煥発の日既に決せんと思ひしも、邦家の将来に向かって聊か期するところあり忍んで今日に到り、敵の召喚をうけて時節到来せるを歓ぶ。

辞　世

大君の御楯ならねど国の為め
　死にゆく今日はよき日なりけり
いくそたび生れ生れて日の本の
　学びの道を護り立てなむ

とございまして、ほかに奥さん宛のものと山極さん宛のもの、それから私宛のものもいただきました。みな先生のお鞄の中にありました。

なお、山極さんが、お友達の外務省の松本次官から戦犯の取り扱いを聞いてこられ、嶋田大将らが優遇されていることを聞かれて、先生は「それはよかった」と言っておられました。大体そうひどい取り扱いはない、という見通しはついていて、先生も御存知だったと思います。「自決しないでも釈放になったものを」などという人もありますが、そんなことは先生にとって何の関係もないことだったのです。これは先生の御遺書を拝読すればよくわかると思います。

橋田先生からいただいたお言葉（書）

東大生理学同総会編「追憶の橋田邦彦」
鷹書房、昭和五十一年刊より

『青山常運歩』

――この書をいただいたのは、昭和十一年の春だった。正法眼蔵「山水経」のはじめにある文句である。そのころ、何かペンネーム（号）をほしいと思っていたので、この「青山」を私の号にいただきます、と申し上げたところ、先生はうなずいてお笑いになっていられた。山極さんは「不空」、内山さんは「逝水」という号をいただいていられたが、私のは無理におねだりしたのである。

＊　＊

『青山不説是非事』

――私は、以前から「青丘」という号を使っていた。この青丘は韓国の別名で、幼時彼の地に過ごした私にはなつかしい思い出であったからである。だが「青山」とは比べものにならぬ。「青山常運歩、石女夜生児。……その運歩の功徳、まさに審細に参学すべし。……」実にすばらしい言葉だ。

ところが、誰もが、「人生到る処に青山あり」の青山だろうという。そのたびに、私は、「そうではない、眼蔵の中の文句だ」といって理屈をならべるのだった。このことを先生に申し上げたら、いつものようにお笑いになって、あとで下さったのが、この書である。「青山、是非の事を説かず」。「常運歩」にこだわっていた私は、ハッとした。私がよく屁理屈をこねるのを、笑って聞いていて下さったことを思うと、今も冷汗三斗である。

＊　　＊

『高処高平、低処低平』

――これは、昭和十八年十月、当時文部大臣であった橋田先生の中国訪問に同行させていただいた折、山西省太原の宿で書いていただいたもので、先生は彼の地の文物を愛でられたが、私が紙をさがして来たところ、ことのほかおよろこびになって、これをお書きになった。

＊　　＊

先生の私宛の御遺言

『数十年の精進も、尚未だ実を結ばず、時世の然らしむる所とはいへ、力足らず今日に至れること、遺憾千万、深く省察すれば、其の任にあらずして事に当たりし事、慚愧に不堪候。
前途極めて遼遠なれど、道の為一層の御精進願上候。濫りに才を露さず、春風裡に万華を生々たらしむると同時に、冥者として其根基に培ひ、よく実らしめて、新しき種子を養成すること、極めて肝要と存じ候。
生前吾儘許り、色々世話に相成り、深く感謝仕候。

無適生

青山君

許へ』

半紙に草書で書かれ、封筒には、

「杉　靖三郎様

他の人々には認める時間なし

御伝え願申上候」

裏は封がしてあり、

「〆　橋田邦彦」

とある。感無量、言うべき言葉もありません。

余計な心配が病いをつくる

「杉靖三郎の現代養生訓」
ダイヤモンド社、昭和五十六年刊より

「感謝で武装し、充ち足りることを知れば、
自らの体をストレスから守り得る」

セリエ

ますます増える心因性の病気

手などにできるイボは、今はウイルスによる伝染病だということがわかっているが、いろいろ治療しても治りにくいのに、何もしないで放っておくと、急にコロリととれてしまうことがある。わが国では、「イボトリ地蔵」にお参りするとか、西洋でも「トム・ソーヤーの冒険」にあるようなおまじないが行なわれている。

ニキビも、気にすると治りにくい。これはいじるからだけでなく、性ホルモンのバランスが変わり、

男性ホルモンが、皮脂腺を刺激するからである。

ぜんそくも、気のせいでおこることも多く、ある女性が夕方七時になると、きまって発作をおこすので調べてみたら、好きでもない許婚の男がたずねてくるためだ、とわかった。婚約を解消し、その男が来なくなったら、たちどころに治った、という。

ぜんそくの発作が気のせいであることを示す笑い話がある。

—ぜんそく持ちの婆さんが宿屋に泊った。日ごろよい空気を部屋に入れて寝れば、発作がおこらないと思っていたので、いつも夜は窓をあけて寝ていた。ところが電灯が消えてから、窓が閉まっているらしいことに気づき、息苦しくなったので、窓をあけようとしたが、なかなか開かない。止むを得ず窓ガラスを壊して安眠した。ところがあくる朝になってみると、壊したのは窓のガラスではなく、本箱のガラスだった、というのである。

このような気のせい（心因性）でおこる病気は、今日の生活環境（交通、騒音、人ごみ、公害・情報過多）がいろいろな面で神経を刺激し、気を疲れさせることが多いので、ますます増加している。

それに種類も、いろいろなものがふえてきている。いわゆる神経症（ノイローゼ）のような不安や恐怖によっておこる心臓神経症（どうき、息ぎれ、胸苦しさ）などのほかに、ぜんそく、じんましん、リュウマチ、それから胃潰瘍や胃下垂のような、はっきりした病的変化のある病気までが、気のせいによって大きく影響されているのである。

つまり、気からの病いが、いわゆる気の神経症状だけではなく、体にあらわれる病気にも、多かれ少なかれ、関係をもっていることがわかってきた。

ノイローゼの三段階

このような気(精神)が原因になって、おこってくる病気には、いろいろな段階があるが、『精神身体医学』という書物を著したワイス博士は、それを三つの段階に分けられるという。
▽第一の段階は、ただ機能の上の変化だけのもので、それにはいわゆる神経衰弱のようなものがある。
▽第二の段階では、精神的な症状とともに、身体的な故障、変化を伴うもの、ぜんそくやじんましんのようなもの。
▽第三の段階は、身体の病変がはっきりしているが、ふつうの身体病とは、どうも様子がちがう。気のせいで、はっきりとよくなったり、わるくなったりする。
これらの三つの段階のどれにも共通なことは、身体の病変に比べて、痛みや苦しみが大きすぎることである。このようなものを、ひっくるめて神経症(ノイローゼ)という。ところが、気からおこった病気でなくとも、胃とか体の中臓器に病変がおこると、どんな人でも、精神的影響をぜんぜん受けない、と

いうわけにはいかない。たとえば胃を患っていると、夏目漱石の『猫』に出てくる苦沙彌先生のように、いつも額にしわをよせて不愉快な顔付になる。またその逆に、いつも不愉快な顔付をしていると、胃がわるくなってくる。もう今では少なくなったが、結核を病む人は、神経質になり、精神の安定が乱されると病勢が進むことは、誰もが知っていた。

このように、どこかに病変があると、不安や恐怖がおこってくるし、また、逆に、不安や恐怖が神経ホルモンのバランスを乱して、胃や心臓に変調をおこし、ひいては、病的変化（胃潰瘍、心筋梗塞など）をおこすのである。互いに原因と結果が悪循環をおこし、心と体の病気（精神身体病、または心身症）に進行していく。

心配のために〝胃が痛む〟ことがあり、いいたいことをいわずにいるのを、〝腹ふくるるわざ〟（徒然草）ともいう。このごろ、胃潰瘍が多く、便秘で苦しむ人が多いのは、不安や焦燥が多いからだと考えられる。このごろの胃潰瘍は、昔のもののように暴飲暴食によるものは少なく、ほとんどが精神緊張（不安やイライラ）によるものである。

不安や精神緊張を続けていると、心臓が痛んだり、ドキドキしてくる「心臓神経症」というものもある。また、失恋などで、脳下垂体が故障をおこして、痩せることも昔から知られている。

気のせいでおこる体の病い

気のせいで起こる体の病いの主なものをあげてみると、

▽感情病―自分の感情をおしころし、偽ったりしていると、イライラ、モタモタしてくる。そして、胃や心臓、月経などに故障がおこってくる。心臓もドキドキしてくる。

▽マネジャー病―事業の経営に心を使い、体を労していると、心臓が不調になり、不整脈や狭心症の発作をおこして、倒れることになる。

▽夜勤病―睡眠すべき夜に働いて生活のリズムを乱していると、胃と心臓がやられることがある。夜勤の運転手、電話交換手などにみられる。

▽胃潰瘍―近ごろは、食べすぎよりも、気の使いすぎ、心身の疲労などストレスによるものが七五パーセント以上。

▽高血圧―精神緊張を続けていると、直接に動脈も緊張して血圧が高くなる。また、間接に動脈の硬化もおこり、心筋梗塞もおこる。

▽神経痛―ストレスが続くと、ホルモンのバランスが破れ、神経の代謝も乱れて、痛みがおこり、ちょっとした刺激に対してもひどく痛む。

▽関節リュウマチ―神経ホルモンの異状によって、関節が腫れて痛む。神経痛と同様、気候の変わり

目や変化によって悪化し、おさまっても再発する。

▽冷え症―腰や脚の皮膚が冷えて困る。女性に特有である。下腹部臓器（内部性器）の異状とも関係があるが、たんぱく摂取の不足と糖質過剰とによる栄養のアンバランスも原因になる。

▽血の道症―更年期症状に似た症状だが、若い女性にくることもある。イライラ、モタモタがあり、月経にも異状がある。性的感情の葛藤が原因だといわれる。

▽シモンズ病―骨と皮みたいに痩せる。恋わずらいともいわれ、失恋のショックによることがある。感情による脳下垂体の故障、若い女性がかかる。

▽アジソン病―副腎皮質の障害でおこる。血圧が下がり、皮膚の方々に黒い着色がおこり、元気がなくなり、筋肉の力も出なくなる。

▽糖尿病―中年すぎの人で、頭を使ったりすると糖尿が出てくる。〝重役病の一つ〟といわれ、〝美食ストレス〟とみなされる。

▽精神身体病（心身症）―いわゆるノイローゼ（神経症）といわれるもの。欲求不満、精神ストレスによっておこる。

▽二次性ショック―ストレス刺激が急に加わると軽いショックをおこすが、その刺激がいつまでも続いていると、ホルモンのバランスが乱れて、二次的に大きなショックをおこし死亡する。

▽胸腺萎縮―思春期前には胸腺は大きいものだが、幼少年期にストレスをうけると胸腺が萎縮し、身心の健全な発達を妨げる。

▽ぜんそく―気管の粘膜が腫れて、呼吸困難の発作をおこす。食物などによるアレルギーも種々あげられるが、気のせいが発作に関係がある。

▽じんましん―皮膚が腫れてかゆい。ぜんそくと同様に、アレルギー反応であるが、これも気のせいが大きく関係する。

▽ガッカリ盲腸―張り切って仕事していたあとガッカリすると、盲腸炎のおこることが多い。これも、ストレスの続いた結果あらわれることが知られている。

▽腎硬化症―腎臓に負担をかけていると、腎臓炎がおこったり、腎動脈にも硬化がおこり、腎臓全体の硬化をひきおこす。

ストレスの三つの顔

わが国でとくに多いのは、胃潰瘍と心臓病（心不全、心筋梗塞）である（欧米人では胃潰瘍よりも大腸潰瘍が多い）。動物について、胃腸のレントゲン像を見ながら、怒らせてみると、急に胃や腸の動きがはげしくなって、けいれんをおこすことがわかる。人間も、怒ると、「はらわたが煮えくりかえる」とか、しゃくにさわることを、「断腸の思い」ともいうことが、よくわかるのである。

この胃腸の働きは、精神的緊張でなくても、食べものによっても、また、暑さ、寒さ、心身の疲労によっても影響をうける。このことは、心臓についても、同じことがいえるのであって、感情がたかぶると、胸が苦しくなり、心臓がドキドキする。昔は、心臓は心の座だと考えたほどである。

ストレスの発見者、セリエ博士の実験によると、精神的な緊張でも、肉体的な労働でも、あるいは環境的な暑さ寒さでも、すべてはストレス刺激として作用し、①胃の充血や潰瘍、心臓の充血・鬱血、②リンパ腺、胸腺の萎縮、③副腎皮質の肥大―という三つの変化が、顕著に見られる。これをセリエ博士は、〝ストレスの三つの顔〟とよんでいる。

このうちで、もっともしばしばあらわれるのは胃の変化、ついで心臓の変化である。アメリカの調査では現代人の胃病の八〇～八五パーセントはストレスによるものであるという。ストレスは、精神的ストレス（心労）と肉体的ストレスとに分けられるが、前者は、大脳中の間脳から下垂体を経て副腎へ行く刺激（肉体的ストレス）のほかに、間脳から迷走神経を介しての刺激とのはさみうちを加えることになるので、作用は強いわけである。

こう考えてみると、精神因子の作用するのは、ストレスによるホルモンの変化の上に、さらに神経からの刺激が加わるので、影響が大きいこともわかるわけである。わが国は胃病が多く、胃炎、胃潰瘍、そして胃ガンは世界一である。まさに日本は胃病王国である。一五年前を見ると、成人病のうち六〇パーセントは胃病であった。それが近ごろでは、欧米型の成人病―心臓血管病を主とするものに移ってきたのであるが、依然として胃病の国である。

前にもふれたように、ガンにしても欧米では肺ガン、性器ガンが多いが、わが国では胃ガンが圧倒的に多い。それで医者たちは、欧米のガンは色気のガン、日本のは食い気のガンだという。これは、人種、民族によるちがいもあるであろうが、生活とくに食生活によるストレスによるものとみなされる。そこで、胃の不調について述べてみよう。

ストレスからおこる胃ガン

「朝はどうも食欲がない」「食後に胃がもたれる」という人が多い。また「急に食嗜好が変わった」「おなかがすくと、胃のあたりがしくしくする」「いくら食べても、すかすかしておちつかない」などという人もある。このような訴えは胃がわるいときにおこるもので、医者は慢性胃炎、胃潰瘍、という診断をつけるであろう。その原因は、これまではたいてい食べすぎ、飲みすぎであって、一〇代、二〇代の人に多かった。

ところが、このごろの胃の不調は、三〇代から多くなるのである。だんだんと責任のある地位について、心を労することが多くなるとはじまってくる。

これは宴会で美食し、つい食べすぎ、飲みすぎる、ということにもよるであろうが、実は精神的に緊張を続けることが、その主な原因なのである。だから飲食をつつしんだだけではなかなか治らない。タクシーの運転手などに、胃の不調を訴える人が多い（三人に二人くらい）が、この人たちは、食べるものもろくに食べないで働きまわっているので、食べすぎが原因でないことは明らかである。

では食事の時間が不規則だからとも考えられるが、仕事を規則的にしていても胃の調子がよくならないのだから、そうではない。新聞や雑誌、ラジオやテレビのような、時間に追われる仕事をする人にも、胃のわるい人が多いが、一般のサラリーマンにも少なくない。

日本では、ストレスが多い上に、不規則な生活、食生活のかたより（白米や白いパンを食べ、肉や魚をとり、野菜は少ないが全般的にカロリー過多）ということが加わっている。このようなことが、日本を世界一の胃病（慢性胃炎、胃潰瘍、胃ガン）の国にしているといわれる。ガンで死ぬ人は、わが国では、現在、年に一五万人余である。他のガンもふえてきたが、やはり胃ガンがトップ（約四〇パーセント）である。

〝感謝〟で武装せよ

胃ガンの原因はまだよくわからないが、慢性胃炎や胃潰瘍が長いあいだ続いている患者を手術して調べてみると、胃ガンのできていることがしばしば認められるので、慢性胃炎のようなもの（萎縮性胃炎）を、前ガン状態とよぶ学者もある。

慢性胃炎や胃潰瘍は、食べすぎ、飲みすぎでもおこるが、ストレスが長く続いていてもおこる。このことから、胃ガンにならないようにするためには、まず胃をわるくしないようにすることが肝要である。美食、過食、過飲、食事の不規則などを避け、またとくに四〇代の人は、感情をゆたかに持つように心がけ、精神的な緊張をしたあとにはそのストレスを解放するようにつとめることが必要であろう。だが、ガンで死なないためには、はやく見つけて、はやく治療する（手術・放射線、薬物の併用）ことである。胃ガンは、たいていが治る。ガンはもはや「死神の矢」ではなくなったのだ。

追悼文

杉靖三郎先生の御功績を称え御冥福を祈り上げて

名取　礼二

杉靖三郎先生は私が慈恵医大を卒業した昭和十一年にはすでに日本生理学会の中心的研究者として東大の生理学教室で活動して居られました。確か昭和五年に東大をご卒業されたので私にとっては先輩であり、直接お話する機会を得られず遠くから眺めているだけでした。しかし、学会でご発表されるのを伺うのは心踊るものがありました。創意性豊かな御業績の発表、また、明快な解説、ただただ強く心をひかれ、お陰で学会に出席するのが楽しみになりました。とくに思い出しますのは、液体電極に工夫を凝らされ電極の液体を二分する隔壁に標本の筋、あるいは神経の太さより少し細い穴路を設け標本を仕切り板で密に抑えるようにした隔絶箱を創作されたことです。杉の隔絶箱と申すべき、まさに独創的な装置でした。これによって負傷部と隣接の健常部とのあいだの電気的短絡を防がれ、次々に創意性豊かな研究業績をあげられました。

負傷部に電位の座を認められたことは、当時は異論もありましたが、いまから思えば、筋の内部膜、サルコプラスミックレチクルムに電位の座があることを示唆されたものと言えましょう。日本の開発期の生物電位、特に負傷電位の研究の第一人者と申し上げてしかるべき先生は大いに自己の道を開かれ、さらに後進を導かれました。そのご功績はどのように称えても及ばぬものがあります。
先生に直接ご指導をうる機会を逸しましたが、常に心から尊敬いたしておりました一人として謹んで御功績を称え御冥福を祈り上げたいと思います。

（東京慈恵会医科大学名誉教授、生理学）

杉さんの思い出

田崎　一二

杉靖三郎さんに私が最初に会ったのは、昭和九年頃、私が東京四ッ谷の慶大生理学の研究室に入ったばかりの時でした。杉さんはその時すでに、もっとも優秀な日本の生理学研究者という評判を持っておられました。彼は特に古い文献に精通していて、私に「ベルンシュタインの論文はたいしたものではない、クレーマーのものを読むべきだ。」といわれたことを覚えています。

杉さんは東大生理の橋田邦彦先生に師事していました。橋田先生は、杉さんの研究に大きな期待をかけていたと聞いております。一方、私も学生の時に橋田先生から直接教授室で、教えを受けたことがありました。それは私が橋田先生の書かれた論文を読んで感心し、その論文の内容を少しばかり発展させた小論文を岩波の雑誌「科学(昭和九年五月号)」に載せてもらったということから始まったものでした。その後しばしば橋田先生から励ましの言葉をいただいておりました。

終戦の時に橋田先生に起こった悲劇は(先生は八月十四日に自決された)、杉さんにこの上ない打撃を与えたことでしょう。また、私にとっても、自分を強く支持してくれた先生を失ったことによる影響は、小さくなかったと思っています。とんでもない理由で、杉さんは生理学教室での研究を続けることができなくなったようです。また、私も、十年以上続けて働いていた四ッ谷の研究室を去らなければならなくなりました。これも戦争のもたらした悲劇の一つといえるでしょう。

終戦直後の東京での生活は、誰にとっても惨めなものでした。そうした時勢に、杉さんは、終戦と共に消えた欧文雑誌（Jap. J. Med. Sci. III, Biophysics, X, 1943）に出た私の論文の別刷をたくさん作ってくれました。それは、戦時中に私が見つけたガマの slow motor nerve fiber の仕事が雑誌と共に消えて行かないことを望んだ、杉さんの思いやりに由来したものでした。今でも有難いことだったと、そのことを思い出しております。

杉さんに私が最後にお目にかかったのは、十年ほど前、英国のバーナード・カッツ（シナプス伝達機構の解明者）と私が同じ時期に東京に滞在した折、晴夫さんが池袋での会合に私を呼んで下さった時でした。会の後で、杉さんと二人で話しながら駅まで歩いて行ったことを、懐かしく思い出します。

（米国国立保健研究所主任研究員、生理学）

杉靖三郎先生を悼む

内薗　耕二

杉靖三郎先生は日本学園（ぶざん）中学卒業後、仙台の第二高等学校に進学、理科（乙）のコースに進まれた。第二高等学校卒業後、東京大学医学部に進み、卒業と共に付属病院「物療内科」教室に入局、厳格、俊敏で有名な真鍋教授のもとで内科学を専攻された。しかし、数年ならずして杉靖三郎先生は臨床医学が男子の業でないことを忽然として悟り、当時東大内で著名であった橋田邦彦教授のもとに馳せ参じ、これが一生の仕事となった。橋田教授は当時医学部内でも理学的思考と手技に長じていることでよく知られていた。杉靖三郎先生はこの師によって水を得た魚のような自由闊達な思考と実践に全力投球する境地をつかむことができた。

しかし、世界情勢は急を告げ、洋の東西に暴動が発生し、研究室内の静かな環境は求めることができなくなった。杉靖三郎先生は正に清水寺の階上から地面に飛び降りる心境で、超俗的な研究生活から身を引き、一大決心のもと人生の別の途に邁進されることとなった。

当時東京大学にあって陽明学や仏教にも長じていた橋田邦彦教授はこの段階で一時科学研究を脇にお

いて、一高校長さらに文部大臣として実社会に活動の場を移され、杉先生は橋田先生と行を共にすることとなった。

以後、杉靖三郎先生はその死に至るまで、その信念についてびくとも動揺することはなかった。当時、日本は「非常時」下にあって学生といえども学業を一時外において専ら非常時の克服に勤めざるを得なかった。栃木県の内原に大きな農場を創成し、大学生達の修養に資していた加藤完治氏こそその主導的役目を果たされたのである。内原農場で修業を終えた学生は、ペンを銃に代えて満州、北支方面への我が国の移住者の健康維持の手伝いをすることとなった。筆者もこの一行に加わって満州から北支方面を移動することになった。北京市の故宮の天壇で当時中国を御訪問中の橋田先生と杉靖三郎先生に偶然お会いすることとなった。この思いがけない機会を得たことはまたとはない幸運であった。太平洋戦争は我に利あらず、日本国は連合軍の軍門に下るのやむなきに至った。

戦争中に日本を指導してきた軍人や政治家は戦争犯罪者の刻印を付せられ、国際法廷における裁判の後、多くは極刑に処せられるという大惨事となった。当時、御自宅で連合軍の出廷命令を受けた橋田先生はこのことを予見し従容として毒をあおがれることとなり、瞬時にして師弟は幽明境を分かつこととなった。当時橋田先生は文部省の教学練成所長の職にあり、杉靖三郎先生は秘書の職についており、このため杉先生は公職追放の処置を受けられ、東大から離れられることとなった。

しかし、東大医学部時代で戦前、戦中の期間、杉先生と研究生活をともにしていた東京文理大学出身の田中英彦、花岡利昌、深山幹夫、藤本克巳の諸氏は、その後も杉先生を終生の師とあおぐことになった。

杉靖三郎先生の御冥福を心からお祈りします。

（東京大学医学部名誉教授、生理学）

「生体の科学」の創始者
杉靖三郎先生

江橋　節郎（江橋文子代筆）

この原稿の依頼は、江橋節郎宛に頂きましたものですが、只今療養中でもあり、私、家内の江橋文子が代りまして寄稿させて頂きました。私は六十年昔、大東亜戦争の最中、昭和十七年（一九四二年）頃東京女子医専の学生として杉先生の御薫陶を受けました。

東京女子医学専門学校（現東京女子医大）創設者、吉岡弥生先生のご子息である公衆衛生学教室の吉岡博人教授は、学生時代の御友人を非常勤講師として招かれ、私共学生に特別講義を受けさせて下さいました。次々と立派な先生方の謦咳に接する機会を与えて下さいましたが、杉先生もそのお一人で禅のお話その他、熱っぽく語り掛けられたお姿は今も目に浮かびます。その頃の杉先生は、若さと活気に満ち溢れ、傍を通っただけでも弾き飛ばされそうな感じでした。

終戦の時、閣僚として文人でありながら自害された文部大臣の故橋田邦彦教授（東大・生理）の御生前、杉先生は橋田先生の御伴をするというよりは傍目には、先生を文字通り御神輿のようにかついで、日本全国、遂には中国まで遊説して歩かれた御活躍ぶりでした（履歴書によれば一九四三年九月—十二月北支訪問）。

終戦後は、これから実験三昧とお考えでしたことと推察申上げますが、戦中の御活躍が仇となり昭和二十一年六月から二十六年十月までGHQの追放令によって公職追放というきびしい待遇を受けられさぞ落胆された事と拝察します。

その間、医学書院（当時は日本医学雑誌株式会社）に迎えられ総編集長として活躍されました。その失意をばねに御活躍された一つに「生体の科学」の創刊という快挙があります。禍を転じて福となす、そのバイタリティには感服のほかありません。日頃日本の基礎医学の現状を嘆かれておられた事と存じますが、「生体の科学」という立派でユニークな基礎医学和誌を創刊された事は、日本の医学界の為に本当に喜ばしい事でした。

先生御自身でも、一巻一号のあとがきに次のように書いておられます。

「終戦直後の頃は、折角良い研究結果が出ても、それを発表する場が非常に限られており、『学位とり論文』が幅を利かせるような時代であった。

又、基礎と臨床の間は勿論、基礎医学同志でも交流少なく、お互いに何をやっているか分からぬという有様、それでは先進諸外国の後塵を拝するばかりである。

アメリカ使節團長BRONK博士を迎えて

—— 昭 23. 12. 10.
東京大學醫學部1號館玄關で ——

後列左から： ○若林教授(東大)　○小林教授(東大)　○山極教授(醫齒大)　○兒玉教授(東大)　緒方助教授(東大)　林教授(慶大)　西田教授(慶大)　田崎博士(德研)　(○印は本誌編集顧問)

前列右から： 西村教授(日醫大)　加藤教授(慶大)　○坂本教授(東大)　ブロンク博士　ヘンショウ博士(GHQ)　東教授(東大 厚生省)　田宮教授(東大)　原島教授(慶大)

ここにおいて、本誌は基礎医学的な研究（臨床方面の基礎的研究を含む）の優れたものを厳選して紹介し、且つ斯界の現状を展望して時流をリードしようとして生れたのである」

編集同人としては、児玉桂三（東大生化）、小川鼎三（東大解剖）、小林芳人（東大薬理）、坂本嶋嶺（東大生理）、若林　勲（東大立地研）、山極一三（東医歯大生理）及び勝沼精蔵（名大内科）の諸教授を迎えた。この他に、田宮　博（東大理）、末廣恭雄（東大農）教授にも御後援いただいた。尚、他の医学部門、動物、物理、化学等からも参加を仰ぎ、編集同人の陣容を強化してゆく事になっている。

本誌を創刊するに当たって特筆すべき事は、アメリカ科学使節団を迎え、その団長である Bronk博士の講演を載せることができたことである。ここに転載する第一巻第一号巻頭の写真と説明は同博士東大来訪時の記念撮影である。

以上のように本誌は真に「生体の科学」を研究する人々、すべてのためのものである。「研究報告」をすすんで御投稿あらんことを期待する。規定は次の通りである。〔四〇〇字十枚以内、図表三～四ヶ以内（組んで約半頁）、別冊贈呈〕御利用、御声援あらんことをねがう次第である。（S記）

基礎医学　生体の科学第一号
定価　￥一〇〇　送料四・〇〇
昭和二十四年三月二十日印刷
昭和二十四年三月二十日発行

編集人　　杉　靖三郎

杉先生は同誌の編集委員長を昭和二十七年二月十五日号から東大医学部薬理学教室内に設けられた「生体の科学研究会」（世話人：杉靖三郎、熊谷洋、吉川春寿三博士）に編集を委嘱されるまで続けられました。杉先生は公職追放が解け、昭和二十七（一九五二）年五月、東京教育大学の教授にご就任になられましたが、その後も上記研究会の一員として編集を続けられました。編集委員の顔触れは一九六四年の中頃（第十五巻）まで、熊谷洋（東大薬理）、杉靖三郎（教育大生理）、吉川春寿（東大栄養）、内薗耕二（東大生理）、江橋節郎（東大薬理）、関根隆光（順大生化）、真島英信（順大生理）、大塚正徳（東大薬理）で殆ど変わりませんでした。

その後色々変遷はありましたが、最近は編集顧問として五十三巻三号迄五十三年間生体の科学の為に尽されました。先生の長い間のご功績に心から感謝申上げますとともに謹んで哀悼の意を表します。

（東京大学医学部名誉教授、薬理学）

ホールデンの生物学の哲学的基礎

山川　民夫

杉靖三郎先生とのおつき合いは、私の青春のわずか一年で終ってしまった。そして先日、先生の九十六歳の長寿でのご逝去を報じた新聞記事を見て、ご令息にお悔やみの手紙を書いたが、今回晴夫先生から追悼文集を出すにあたり、私の年代の方が殆ど亡くなられているので、比較的縁の薄い私にも是非寄稿するようにおすすめがあった。

私は先生と同じ仙台の旧制二高の出身だが、二高時代に動物学の木村雄吉教授（故人、東大伝染病研究所細胞化学部教授）から先生が私淑する橋田邦彦先生の思想について何度もうかがっており、橋田先生のご令兄の東北大学医学部の生理学の藤田敏彦教授の令息尚明君は私とは付属小学校以来の同級であったので、親近感があった。尚明君は神童といわれ、小学校一年で既に四学年の教科書を読み、音楽一家に育った彼はベートーベンやショパンのピアノ曲を弾きこなし、私とは無二の親友であった。彼は大学卒業後、物理学を専攻し、惜しくも三十三歳で夭逝した。

私は東大に昭和十六年に入学を許された直後、二高に木村教授を訪ねたところ、先生から刊行されたばかりのホールデンの「生物学の哲学的基礎」を推薦された。本書は東大理学部の山懸春次、稲生晋吾両氏の翻訳で、田宮博氏の校訂。弘文堂書房より昭和十六年三月三十日発行、金一円六十銭であった。

私は早速購入し、この難解な本を読み始めた。

私は医学部に入学し、本郷赤門前に下宿していたが、放課後の時間を持て余す毎日に、基礎医学の教授が学生と懇談する会が開かれていることを知った。生化学の柿内三郎教授の倶進会の他、既に大学を離れ一高の校長を経て近衛内閣の文部大臣であった橋田先生の格医会があったが、私は躊躇することなく格医会に入会した。

毎週一度の夕刻に医学部一号館の生理学教室の一階玄関わきの廊下をドアで仕切った狭い空間に、長い机を囲んで十数名の学生が集まっていた。二年上級の佐藤昌康氏（故人、東京都神経研初代所長）がリーダーで、講師は助手の杉靖三郎先生であった。先生は割合小柄で縁なしの眼鏡をかけ、やや神経質で鋭い感じの方だった。そこで輪講しようと提出された題材は奇しくも前出のホールデンの本だった。

今回、杉晴夫先生から寄稿の依頼があったので、書棚を探してみると、私もあちこち職場が変わる度に多くの書類を破棄したが、幸いこの本は残っていた。六十年も前の発行で紙も茶色に変わっていたが、淡青色の表紙の装丁はそのままで懐かしくタイムスリップを感じながら、拾い読みをしている。当時、私は父を癌で亡くしたばかりで精神的に不安定で、日米開戦近しの時期であったが、二高の寮生生活の間は抑圧された中学校の生活から解放されて、毎晩映画見物にうつつを抜かし、阿部敬吾（故人、三太郎日記で有名な阿部次郎の令息）などとわからぬながら哲学書を読みあさって論議を楽しみ、木村雄吉先生の影響もあって、生物学の機械論、生気論、目的論などの論争に興味を持っていたので、杉先生の講述は、自分で読んでいた内容の理解を更に深めてくれた。J. S. Haldane のこの本は、彼が一九三〇年にダブリンのトリニティ大学で行ったドンネラン講演を収録したものであるが、それより二世紀も前にこの大学におられた George Berkley 僧正の言葉 esse est percipi（存在するとは知覚せられるということ）が基本思想であり、生物学は一般に行われている物理や化学の方法や考え方だけでは処理できないという思想が貫かれている。そして生物の理解にはその環境を含めて、全体性（holism）の追求が必要であるという。これは当時のナチスや日本の軍部にもてはやされた全体主義（Ganzheit）に近いとこじつけられたと回想している。橋田先生や杉先生が主張された「全機性」は、当時の世相に利用された嫌いはあるように現在からは思える。

それから六十年を経て、私が懐旧的心情をもって読み返してみると、当時の幼稚な私などは先生から見るとプロとアマ以上に学識も経験も隔絶していて、張り合いのない時間であったと想像する。事実、私は卒業後、形而上学的思想からは現実の科学の産物は何も出てこないと考えて、物質のみが確実な存在と考え、有機化学的生物学に進んで来たので、折角の格医会での勉強は余り役にたたなかったようだ。

大体私の頭脳は哲学的思考には向いていないと悟っている。

ただし時にふれ若い頃の修得は私をして単なる唯物主義に陥ることから防いでくれた。そして現在では生物学自体の方法論が物理や化学の方法を包摂して確立している。それは現在、発生や進化の研究成果にみられる。

ホールデンの本の校訂者として長いあとがきを書いた田宮博氏は、それから三十年後亡くなるまで、私は親しくおつき合いすることになるが、杉先生はライバル視しておられたのか「隣の理学部二号館の田宮さんなんかホールデンの思想なんかわかっていない。」と一寸厳しい言葉を洩されたのは興味深い。杉先生は戦後ラジオの番組の「話の泉」で活躍された渡辺紳一郎氏のご令弟と承って、なるほど杉先生の該博な知識は一級品だったと思い出す。論議が終って、学生を引き連れて、本郷通りにあったU. S.とかグリルタムラや「鉢の木」などでコーヒーを飲みながら更に先生の快弁を聞く機会があり、先生の「この頃はゾンデルリング（変わり者の学生の意か?）は少ないね。」と言われた言葉が耳に残っている。更に先生は「今、俺は生理学をひっくり返すような論文を書いてあるが、橋田先生は忙しくて棚の上にのったままだ。」などと私どもを煙りに巻かれた。

その後、日米開戦となり、先生は橋田文相を助けて、「国民精神総動員」などの運動に挺身されていったのを遥かに眺めて、先生が生理学の研究から離れざるを得なかったのかと思い、更に敗戦後、橋田先生の自決に殉じて余り表面には出られなかったので、別の領域に進んだ私は先生がこの間まで生存されていたのなら一度お訪ねしてお話を伺いたかったとの思いで一杯です。

（東京大学医学部名誉教授、生化学）

回想の杉靖三郎先生

酒井　敏夫

私が入学した東京慈恵会医科大学予科には生物学研究会（生研）と名付けられた比較的活発な論客のいるサークルがあった。この生研の例会には、故浦本政三郎教授をはじめ、故杉本良一教授、故西丸和義先生等、生理学と関係のある多くの先生方が顔を出されていた。学外よりお招きした先生方には、故仁科芳雄博士、故橋田邦彦一高校長ならびに杉靖三郎先生らの名講演が計画され、青春時代のわれわれに何らかの糧を与えてくださった。

その後、生物学の中沢先生の退任後に来学なさった井上清恒教授は、一層生研の歴史に光彩を与えられ、講義の中で橋田研究室の内容から始まり「正法眼蔵釈意」にも話が発展し、私のクラスからも幾人かがこの会に出席していた。井上先生のお話は、東大生理に在籍された優れた先生方の業績にも及び、杉靖三郎先生が優れた生理学者であられることを知りました。

太平洋戦争が始まり、大学の講義はどの科目も少しずつ縮小の形をとり、急ぎ足の授業に明け暮れ、食料難も日増しに感じられるようになり、生物哲学を論ずることからも遠のいていった。

米軍の空襲が激しくなり、すべてが無になる生活が続き、卒業後のことや将来の研究を考えることは思うようにならなくなってしまった。生理学教室への入室も、浦本先生の教職適格の問題のため右往左往して不安な日々が続いた。浦本先生にとって、新しく教室に入る助手などの人事なんか問題ではなく、御自分の身分のことと共に戦後の新しい学術会議の構想のために渾身の力をしぼっておられた。浦本先生は教授をお辞めになるまで学術会議の準備に寧日無く、毎日各方面への手紙等を書かれ、この宛名書きが私の毎朝の日課になっていた。この頃と思われるが、浦本先生から杉靖三郎先生への一通の手紙をお宅まで持参して届けるように言いつけられた。井上清恒先生から聞いていたあの杉先生であることを改めて認識した。まだ正式に助手にも任命されていない私くんだりに大事な親書をご自宅まで届けるようにとのご命令は驚きであった。やっと杉家を探しあて、用事を成し遂げることができ、杉先生にお会いできたことは満足であった。その時に先生が戦災で失った机の代わりに、ミカン箱を使っているんだよと話されたことは今でもそのお言葉が鮮明に脳裏に残っている。

その後、杉先生を回想することといえば、昭和三十九年九月、日本医事新報に掲載された「橋田邦彦先生を語る」と題された没後十年座談会に杉先生が語られた記事があります。浦本先生が司会をされておりました。弟子としての杉先生、山極先生が文部大臣としての戦争責任から橋田先生御自害の雰囲気を察せられ、必死になって制止された様子を幾度となく読み、コピーまで取って保存しておりました。

それから、名取先生が音頭をとられた「筋生理の集い」が軌道に乗り始めた年の夏、札幌医科大学の永井寅男教授が筋の集いを札幌でやりましょうと熱心に招待して下さり、名取先生を中心に内山孝一先生、杉靖三郎先生が加わり、まだ飛行機が飛んでいなかった札幌に出かけた。私もこのグループに従った。国鉄、青函連絡船を乗り継いで気ままな旅を楽しんだといってよい。内山先生にしても、こんな長い時間会話することもなかったので先生のお人柄を知るには又とない旅となった。この旅の中でいくつかの教えられることがありました。それは、朝食の前に杉先生が郵便局に行ってきたと言われることで、昨夜から早朝の間に書かれた原稿を東京に郵送されておられ、一回だけでなく回数を数えるほどで、杉先生のタフさを知って驚いたわけでした。原稿の件だけでなく、何事にも積極的であったと記憶しています。この頃、杉先生は医学書院の編集責任者に就いていていらっしゃったのでしょう。新しい責任のあるお仕事で、疲れを知らない立場に立っておられたことと想像します。ご一緒の先生方から教えられることの多い楽しい北海道の旅であった。

私は日本生理学会に入会、初めて総会に出席したのは新潟、京都からで、各大学の諸先生方を知る由もなく、各教室からの演題の特徴とか内容を把握するにはまだまだ長い努力が必要でありました。学会活動中の杉靖三郎先生の学問的内容については井上清恒先生が講義の中でされた解説のみで、東京生理学談話会でのご講演の内容まで認識するまでには距離がありました。

教室の先生方からは、激しかった滅衰不滅衰学説の論争について面白おかしく聴くことはありましたが、私の入会した頃にはこの問題は過ぎておりました。

杉先生の学問を回想するにあたり、私にとっては学問よりも、速いスピードのいわゆる杉式話術の残像が先行している。

杉先生の恩師橋田邦彦教授の研究活動は大正六、七年頃より始まり、ヨーロッパご留学時に始まった生体膜の透過性の研究以後、生体の電気生理学が中心であったと教えられています。橋田先生の研究はアイデアに厳しく、方法論にはことのほか注意を払われたそうです。その門下にあった杉靖三郎先生もまた、優れた諸先輩の中にあって筋の興奮性に取組まれ、文献的に見ると昭和八、九年頃から太平洋戦争が終わるまでの間、精力的活動をされていたと言えます。多くの研究の中で杉先生の創始された隔絶箱を刺激装置として筋興奮の詳細を検討されたお仕事は、後にリング・ゲラルドのガラス細胞電極が生まれるまでは、当時最も進んだ優れた方法であった。隔絶箱を用いた誘導法による電気生理学的実験は昭和十五年に単一筋線維に応用され、第14回生理学東京談話会記録に残されている。私は、杉先生の講演の中で隔絶を施した筋の一端をヘルムホルツのペンデルにカミソリの刃を付け、瞬間断絶した負像面の電位を計測された実験の記憶が残っている。筋の負像電位の測定と表現されているが、現代流の理解で言えばガラス微小電極による静止電位の測定に似たものと言える。ベルンシタインの膜理論が議論されていた時代で、生体膜を考慮された実験と思われる。筋線維を眼にもとまらぬ速さで切断し、負傷面の電位を測る技術の開発は、当時としては先生のご研究が最高の域に達しておられたと思われる。

私も杉の隔絶箱を真似て作ったが、当時杉先生の文献を見ることができず、幸い鈴木正夫先生が昭和九年十二月号の生理学余外集に「私の使っている電極箱」の記述を発見した。これによると鈴木先生がライプチッヒに留学されておられた時の論文には詳しい記載があると書かれている。

鈴木正夫先生は、橋田教室の中で杉先生の先輩に当り神経の分極に関し優れた業績を残されており、ある東京生理学談話会で杉先生と珍しく長い論争をされた。想い出の論争となる珍しいシーンであったと言えよう。

（東京慈恵会医科大学名誉教授、生理学）

杉靖三郎先生の想い出

大山　信郎

私は愛知県出身であり、愛知一中、八高、東大医学部を経て、昭和二十四年八月三十一日に国立盲教育学校に内定し、同年八月二日に教職員適格合格により、正式に教授となりました。ところで、当時の校長は松野先生であり、大村先生が病理学を教えて居られました。しかし、両先生については不幸なことが重なり逝去されました。その当時、盲学校においては盲人の職業として、針灸マッサージが行われておりました。然るところ、進駐軍命令によって、針灸においてはその科学性が問題として中止が命じられた。

しかし、我が国においては徳川時代より長く盲人の職業として専業が認められておりました。したがって、その中止は大問題となり全国的に反対運動が行われました。やむなく進駐軍が、もし科学的にその効果を証明するならばよかろうということになりました。そのために針灸に関心を持つ方を求めました。ところで、東大医学部の橋田先生はかねてから針灸治療に興味を持ち、これが東洋医学として何らかの役に立つものと考えておられました。しかし、橋田先生は一高校長、ついで文部大臣として戦時中に教職員に対して戦時訓話をなされ、杉先生は橋田門下の高弟として全国にわたり教職員を指導されたため、戦後は教職員としては不適格とされ公職追放の処分を受けられました。

その後、公職追放が解除されましたので、杉先生を本校にお迎えすることができました。杉先生は誠に博学であり、当時医学書院の編集長をしておられ、内外の文献に通じておられました。したがってことあるごとに私に対して眼科の知識を教えて下さいました。私の知らないことが多くあって大変に役立ちました。私が電気生理学にも興味を感じて教えて下さいと申しました折には、学問をする以上は自己の専門に徹する必要があるとさとされました。これは確かに学問をする者にとって重要なことでした。

教育学部の会合で、ある時に学部が私に対していろいろと圧力を加えました際に、杉先生は私を大変かばって下さいました。そのため何とか教授会を乗り切ることができました。その後、杉先生は体育学部に移られ、お目にかかる機会が少なくなりました。

時は経ち、私が国立盲教育学校学長に選ばれてから、東京教育大学の名誉教授の会で杉先生に久しぶりでお目にかかり、朝永振一郎先生もお出でになり、杉先生からは健康についてのいろいろな注意を頂き、いろいろと質問させていただきました。杉先生は橋田門下の偉才であり、戦時中は門下生の心構えとして道元の正法眼蔵について話されました。

私は戦時中をニューブリテン島マドラの守備隊の軍医として第一線に居りました。ズンゲンの玉砕の折にはその悲惨な状況をまざまざと目を見張って眺めました。司令部から来られた松浦参謀が、「日本は負けた。今さら君たちが戦っても何ともならない。全員濠のなかで潔く死んでくれ。これは師団司令部の命令である。わかったか。」と言って帰って行かれた時には我々は呆然としました。やがて春日井大尉が私に向かって、「軍医さん、あなたは東大医学部を出てこれから大いに為そうとするときに誠に残念ですね。」と慰めて下さいました。私は海岸に来てニューアイルランド島を眺め座禅を組み冥想いたしました。道元の訓えを想い、心の安定をはかりました。橋田先生、杉先生のお陰でした。

その後時は経ち、偶然にも松浦参謀と伝研の荒川清二君を仲介として戦争の哲学について話し合うことができました。松浦さんは熊本幼年学校切っての秀才と言われ、陸大に進みました。荒川君は彼にはとてもかなわないと東大医学部に進みました。この話し合いは、私にとって人生の開眼ともなりました。

今、私は平成維新の旗を立て、教育の必要なことを説いて廻ろうとしております。明治維新において哲学者の西周が東京高等師範学校を作った時のことを、その原点を確かめようとしております。

（元東京教育大学学長）

恩師杉靖三郎先生

深山　幹夫

学生時代に初めて杉先生にお目にかかって以来、現在に至るまでの長い間、社会人として生きて行く上で数々の具体的なご指導を頂いてきた。

杉先生は一生の恩師として、東大医学部の生理学の教授であられた橋田邦彦先生のことをいつもお話になり、生涯の生活のお手本としておられたが、私にとっては杉先生が生涯忘れることのできない恩師である。

先生の生理学の講義を最初に伺ったのは、私が東京高等師範学校理科三部（博物科）の二年次に在籍していた昭和十年四月であった。

テキストは昭和九年に出版された橋田邦彦先生の著書「生理学」（岩波全書）だったが、これは橋田先生の多くの名著の中の一冊といわれた。杉先生はテキストの講義を離れて度々恩師橋田先生のことを話された。そのお話の中で一番私の心に残っているのは橋田先生が、大正八年に五年間のドイツ留学から日本に帰られた時のことである。帰朝後直ちに東大医学部で生理学の講義を担当されることになった。

従来の生理学では「生きているもの」の働きを知らせる学問であったが、「生きている」ということは何か、つまり「生命とは何か」ということがよくわかっておらず、橋田先生にとってそれが切実な問題となった。先生は早速王陽明の書物をはじめとして生命に関する哲学書などいろいろ読まれたが、心から納得されたものは一冊もなかったそうである。しかし、ある書物の中で道元禅師の正法眼蔵という書物のあることを初めて知り、これを連日一時も手放すことなく熱心に読み続けられ、正法眼蔵に深く参入されたということである。橋田先生はこうしたことにより生命の根源を極め、人生を識得することができになったと言われている。

また、先生はこうしたことばかりでなく、御自身が科学者であるというお立場からも、このような心境について「眼蔵と科学」「科学と宗教」等という関係から説明され、科学の研究室は道場であり科学者は科学の行者でなければならないと言われた。したがって、科学することは自然科学者の行であるとも教えられた。

杉先生から以上のようなお話を伺ってもその当時の私には理解できないことばかりであったが、そうした中でも生理学の講義の中での宗教に関連するお話であっただけに、今までに体験したことのない感動を覚えたものである。それと同時に自分自身の生命や生き方を考える一つのきっかけになったことも確かである。

杉先生は道元の正法眼蔵の内容について橋田先生を中心としたいくつかの会合において難しい本文の解釈をお聞きになり、同時に長いことこれを記録してこられた。当時、橋田先生を中心とした集まりは月曜会（東大生理学教室）、医道会、昭医会、格医会などがあったとのことである。このことは橋田先生が生理学者として第一線に立っておられていたのと同時に正法眼蔵に精通しておられ、更に道元の心を心として生きておられたことが多くの方々の気持ちを動かした結果、先生にお願いしてできたものであろう。私も学生の頃、どの会であったか覚えがないが杉先生に連れて行って頂き橋田先生のお話を伺ったことがある。

橋田先生の正法眼蔵についての御著書は三冊出版されている。正法眼蔵釋意第一巻（昭和十四年十二月）、同第二巻（昭和十五年七月）、同第三巻（昭和十九年六月）でありいずれも東大赤門前の通りで門の反対側にあった山喜書房から出されたものである。この三冊はすべて杉先生が同書の長年にわたる橋田先生の講義の速記録を順序だててまとめられ、これに橋田先生が訂正加筆されてできたものだと伺っている。したがって、当然のことながら杉先生は道元禅師の人柄や正法眼蔵の内容がいかに人間生活にとって重要な意義を持つものであるかについて深い知識を持っておられた。

こうしたことについて全く知識のない我々学生に対し杉先生は「教師たる前に人間たれ」ということの大切さを何とかして伝えようとして仏教のお話からはじまり、ひいては道元や正法眼蔵についてのお話を生理学の講義の中で時々されたのである。杉先生のお話によると、先生が東大医学部の学生時代に橋田先生から講義の中で「医師たる前に人間たれ」という意味のことを何度か伺ったとのことなので、教師たる前に人間たれということは杉先生自らの御体験から出た言葉なのかもしれない。

昭和十三年三月、私は東京高師を卒業して引き続き東京文理科大学生物学科に入学、動物学を専攻した。杉先生には高師に続いて大学でもご指導を頂き、卒業論文も先生にお願いした。先生は高師時代から生理学に関しては講義以外にも学生の希望者を集め、当時先生が講師として勤めておられた東大医学部の生理学教室に連れて行って下さり、先生の実験を見せて下さったり、我々も実験させて頂いた。また、このような時、先生から生理学教室の主任教授をはじめ教官や学生の方々にも紹介して頂いた。私は昭和二十六年から九年間もここの生理学教室で研究生として研究を続けさせて頂いたが、こうしたこともすべて杉先生のお力によるもので心から感謝している。

また、学生時代のことに戻るが、生理学教室からの帰りには赤門の通りの前にあった喫茶店でコーヒーを度々先生と御一緒させて頂き、更にたまたまお昼前の時には鉄門を出たところの通りにあった食堂でよくチャーハンを御馳走になった。

その当時我々の仲間の何人かは先生からいろいろお話を伺いたくて、しばしばご自宅にお邪魔させて頂いた。特にお正月休みの時などは多勢でうかがい奥様からおもてなしを頂いた。先生の御自宅は小石川小学校の近くで、奥様の御実家（長谷川様）のお屋敷の一角にあり、近代的な二階のお住まいであった。

たしか大学二年次の時で昭和十四年の秋頃だったと思うが、杉先生から橋田先生がかつて講演された時の題目である「科学する心」について同じ題目の映画を作る計画があるので大学の仲間で手伝ってほしいというお話があった。映画製作の母体は理科学研究所系統の会社で東大医学部の生理学教室を主な舞台としてまもなく撮影が始まった。当時橋田先生は第一高等学校（旧制）の校長を勤めておられたと思うが、白衣を着られ実験室と講義室で快く出演して下さった。杉先生も白衣をつけて橋田先生の助手として敏速に動いておられた。

この映画の監督は中川氏、カメラマンは斉藤氏であったように記憶している。また、我々の仲間は田中英彦、花岡利昌、藤本克巳の諸君と私の四人であった。私どもは橋田先生の実験室で先生のために実験器具の準備や移動のお手伝いをさせて頂いたが、その間直接橋田先生とお話する機会もあって今でも大変貴重な時間を過ごさせて頂いたと思っている。

橋田先生と杉先生に御一緒でお目にかかったことが「科学する心」の映画製作時のほかにもう一度だけあった。昭和十八年の秋頃である。この年の三月私は陸軍の軍人で階級は見習士官であったが、北京での集合教育を終了して北支山西省の運城に駐屯していた電信第九聯隊第二中隊に隊附将校として赴任、直ちに十八春大行作戦に小隊長として参戦、八月に帰隊したがまもなく山西省の首都太原にあった電信第九聯隊の本部附将校として勤務することになった。

丁度その頃昭和十八年十月、文部大臣を退官された後東大名誉教授になられていた橋田先生が日本政府の教育文化使節として中国を訪問されることになり、その際文部省精神文化研究所員であられた杉先生も同行された。そして橋田先生と杉先生の御一行は北京から太原に来られることになった。当然このことは太原の日本語新聞にも報じられ、太原駅への到着日時も出ていた。

しかし、その頃は北支各地とも治安が悪く、太原でも一歩城外に出るとあちこちに行き倒れの死体が見られた状態であった。また、鉄道の沿線では乗客の所持品を狙った匪賊が列車を襲うことも度々であった。このような状態であったので両先生御一行の到着も大変遅れたように覚えている。

両先生の到着された当日の夜、私は宿舎にお訪ねして久方振りに両先生からいろいろお話を伺うことができた。私の人生にとって忘れることのできない有難い時間であった。

この時、橋田先生が記念にとおっしゃって杉先生と私に色紙を書いて下さった。無適という先生の号を最後に書かれたが、「今落款が手元にないから今度いつか機会があったら押してあげよう」とおっしゃりながら渡して下さった。

この色紙は現在でも大切にしているが、遂に橋田先生から落款を押して頂く機会は訪れなかった。

このことを杉先生にお話したことがあるが、先生はいろいろのいきさつがあり、ある意味では貴重な橋田先生の形見ではないかと言われた。私は今でもこの色紙を家宝として大切にしている。

（千葉大学名誉教授）

謹んで御礼とお詫びを申しあげます

藤本　克巳

先生、長い間本当にいろいろと有難うございました。

想い出は尽きるところがありませんが、昭和九年、高等師範学校でのご講義で初めてお目にかかり、講義のあと、茗渓会館や先生のお宅でお茶などいただきながらお話を伺ったのが始まりでした。正法眼蔵、浮世絵、地図など広い分野にわたる未知の世界に引き込まれ、厚かましく先生の貴重なお時間に侵入して眼を開いていていただいたものでした。

文理科大学の頃、定期の実習とは別に、臨時に下田の臨海実験所で開かれた臨海実験は忘れることができません。一週間程、時を忘れて徹夜を含んで実験に没頭したあと、海岸で心地よい疲労を癒したあの貴重な体験です。

戦後東大生理にお世話になりました頃、乱世の中、公職追放などものともせず、放送・講演・著述に広く活躍され、医学・健康教育に貢献されて、多数のファンを産んだあの頃のことがいつも目に浮かびます。

父のガン、家族の病気、私共の結婚、専修大への転勤など私事でも勝手なお願いをお聞き入れ下さいまして、身に余る御厚情を賜りました。深い感謝とともに御多忙の中まことに申し訳なかったことをお詫び申し上げる次第です。

その後も学会や先生を囲む会でのお話など有難く活用させて頂いたことは、枚挙にいとまがありません。

偉大なる先生に長期にわたって接することができたのは生涯の幸運であったにもかかわらず、文字通り不肖の徒に終り、まことにお恥ずかしい次第で申し訳なく存じます。

御礼とお詫びを申し上げ、御冥福をお祈りいたします。

（大阪教育大学名誉教授）

杉靖三郎先生を偲んで

藤田　紀盛

先生に随順して五十年、先生を失って師恩の高大なることをあらためて会得しました。
御存命中はあれもこれも御相談しようと思っていた仕事も、この悲しみの中に得た体験は無師獨悟であり、自己を運びて萬法を證し、萬法すすみて自己を證す、自己の展開は学なり萬法の流動は宗教なり、しかるに両者一なり、しこうして学道一如なり。
科学は人の科学であり、宗教は人の宗教であり、ともに人の働きである。自己も没我であり、他力も没我である。無我こそが認識の根本となる。理屈を言う前に実験してみよ。身心を挙して学せよ。
観行一如、常心是道　学成道　道成学　学道生而博覧多識　博覧多聞而会生々　知行合一而学現成
先生の行学は社会の医術・人間の医術を、社会教育、学校教育の場で実践されました。
師罷りていかに残さん身心学道
身心学道、科学合時哲学、知行合一唯行学。先生は折に触れて、御自身が一月六日生まれであることについて話されました。なんで一月生まれにこだわられたのか。日露戦争後の国家興隆の時に誕生され、

幼児を過ごされた大阪（堺）、少青年期を過ごされた韓国（密陽）・北海道（函館）・東京のそれぞれの時代の話をされました。冬の函館の坂道をスケートで滑って通学したこと、杉浦重剛先生のお話、また、奥様の御親類である小寺家の神戸のお屋敷の話、絵画の話などありました。

昭和二十七年より半世紀、師に従って電気生理学、刺激生理学を蛙の神経筋標本で直流通電刺激による収縮曲線の極性の違いを、－（マイナス）イオン荷電の時間と量と興奮収縮、発電魚（シビレエイ）の電気発生と刺激による放電、ATP K塩とNa塩の筋収縮性の違いについて、ATP Na塩剤の心筋への作用、筋電図の諸問題、導出法に依存する筋電位のおよびその波形、東洋医学とストレス学説、神経・筋活動電位の電場誘導波形の違いについて、先生の負傷電位の発生と電場誘導理論に基づく活動電位の波形分析、－（マイナス）イオンの二面性、イオンと染色剤による細胞膜興奮性の研究など、先生の残された業績は基礎分野だけでなく、臨床に応用できる問題を数多く残されました。これらの業績を今後私の生涯の仕事として一つ一つ把握してゆきたい。

師ゆきて突如めぐる五十年
　その時々の語気いまだに
師の道は友情にして惜しむのみ
　惜しむ心は学道唯行学

学行而唯従自然而知行合一
息つきるとの　そのむなしさや無なしさや
　強き握りし　温もりし手も
先生の思い出と共に御冥福を祈ります。

（筑波大学名誉教授）

痩身・長身に多才・多芸のあふれ
――杉靖三郎博士を偲ぶ

長谷川　泉

橋田邦彦文相の、いちばん弟子であった杉靖三郎博士が、白玉楼中の人となられた。

杉博士は、文部省国民精神文化研究所や、教学練成所練成官などをつとめたため、戦後米駐留軍総司令部（ＧＨＱ）のパージ（公職追放）を受け、東京大学医学部講師を辞任することを余儀なくされ、日本医学雑誌株式会社（のち、医学書院）の総編集長をつとめられることになった。私は医学書院におったので、杉博士が企画された「簡約医学双書」「ドクターズ・ライブラリー」「ナーセズ・ライブラリー」のことなどをよく知っている。特に「簡約医学双書」中の「内科診断学」（沖中重雄他著）が、すばらしい名書であったことを知っている。この著書のことは「名著の履歴書」という小文に書いたこともあった。

杉博士は公職追放解除により、医学書院を退社されたのち、日本医師会雑誌の編集委員長を三十二年間の長期にわたってつとめられた。これは空前絶後の長さである。日本医師会が最高の学術優功賞を杉博士に授与したのも、むべなるかなである。

杉博士は、医学書院退社後東京教育大学、専修大学教授をつとめられ、東京教育大名誉教授となられた。その間、諸著書、論文は、千篇になんなんとする。

一九六九年には、イタリアのフィレンツェで「座禅の生理学的実験」について講演され、大きな国際的評価を得られた。

まさに杉博士は多才、多芸で、画を描くことにも優れ国内外の各所をスケッチし見事な彩管に載せられた。中国の万里の長城や、ドイツ・ケルンのドームなども、その中にある。

御葬儀の折に故杉博士に献呈した挽歌を次に記して、この稿を終わる。

挽歌

亡き人の　痩身にして

このもかのもに

足跡あまねし

（元医学書院社長、文学博士）

旧日医会誌編集委員の一人として

丹羽　正治

某日の朝刊で杉先生が九十六歳のご高齢で逝去されたことを偶然知りました。先生が編集長をされていた頃の日医会誌・日本医師会雑誌の旧編集委員の、恐らく現在では残り少ない一人として、懐旧の思いに誘われて告別式に参列、実に久しぶりに遺影にお目にかかりお別れをしました。

私は昭和三十三年に上記の委員に任命されましたが、当時は一国立病院の検査医に過ぎなかった私にとっては、ご高名の杉先生を初め教授級などの錚々とした先輩委員の方々に伍して、その末席を汚すことさえ大変な重荷で自分の適性に疑問を抱いたことが何度かありました。それにしても私を推薦下さったかたの顔に泥は塗りたくない、との秘かな思いに支えられて昭和五十八年に杉先生などと一緒に任期終了するまでに百七十編の論説執筆などを果たせたのは、先生を初め委員の方々のご指導、暖かいご高誼によるものと感謝しています。

この委員会での企画や議事進行では先生はいつも編集長としての立場から指導的な発言をされました。社会的に多面なお仕事を抱えられ、時に座談会に遅参されても、すぐその状況に適応し理解する素早さには何回か驚嘆しました。会の終了後には夕食が振る舞われ、帰路は先生と同方向だったので送迎車に同乗、また時には委員一同、別席でくつろいだ会食をすることもありました。そんな機会には話題の豊富な先生は気さくに新人の私にも話しかけて下さったり、趣味どころか素人離れした多数のスケッチを拝見させて頂きました。これらのことから先生の明晰な頭脳、肩を張る必要のない幅広く深い教養を垣間見させていただいた思いがしました。

それは過日お送り頂いた小冊子「杉靖三郎の略歴」を拝読、それにある多彩なご足跡から再確認できたと同時に、恩師・橋田邦彦先生への深いご傾倒振りが偲ばれました。

それでこの機会に本棚の奥から橋田先生の「行としての科学」を取り出し再読しました。それが杉先生をより親しくお偲びすることになると思ったからでしたが、難解との定評のあるこの本に対しては、決して無理をしないで、自分に関心があり、理解できる程度の記事だけを断片的に拾い読みしました。

「学者は自分の専門としている知識を弟子に授けなくても、学問することを伝えさえすれば間違いない。知識がその人の人生活動として如実なものになったとき、はじめて本当の知識となる」

「人間と学問とが二つに分かれていては、その学問が本当の学問になっていない。それは自分の働きを具体的に掴まないで、傍観者として抽象的に見ている結果にほかならない。その時、その時にしなければならないことをして行く立場まで行き着く時に、本当の自然科学が『行』として現われる。自然科学を『行ずる』立場で把握しないものは、本当の自然科学者ではない」

「真の自然とは我々に対立する西洋的な『自然』でなく、我々もその中に入っている自然、言い換えると大自然、世界全体である。『自然即人生』という立場で自然を把握しながら、西洋で発達した自然科学の方法で研究するのが日本の自然科学である」

この橋田先生については、さらに遠い昔の昭和十四年六月、私の医学生時代に母校で伺った講演「陽明先生の教育と科学者」が思い出されました。とはいえ先生のお話は学生の理解を遥かに越えた水準にあるので、今日までも残る当時の私の未熟なメモをできるだけ活かし、大幅に加筆して以下にまとめました。

王陽明先生の「到良知」は、己を空しくして事実をありのままに掴むことで達成せれた「心即理・心外無理」の境地である。

自然科学は自然現象を観察してそこに「理」を見いだす学問であり、さきの没我的な姿勢で研究を進めれば、その状態に入る。それはその行為を継続すれば成長し続ける。

また先の小冊子にあった橋田先生の語録「医師たる前に人間たれ」、「生理学は『生きているもの』の様子を知らせる学問に止まる」、「教師は弟子を教えるのでなく、弟子から教えられる」などは、真摯に学問をして体得された人間本来の生き方を示されたもので、時代を越えて妥当する新鮮な響きがある。

それらに対し、さきの小冊子にある杉先生の言葉には橋田先生との間の密接な道、さきの原点の伝承「師弟相承」の実体が伺える。「(橋田）先生の書物は何度読んでもその度毎に新しい教えを受ける」、「先生の書こそ『行の書』であり、それを読むものは文字の上だけの理解に止まってはならない。行ずる（体験する）ことによって色読せねばならない」。

この二つの言葉は表裏の関係にあり、前言は杉先生が相応の体験を絶えず積まれていることの反映であり、それは「本当に勉強しているのなら、勉強しているとも思わない筈だ」の水準にも達せられた。この過程は「諸仏ノマサシク諸仏ナル時ハ自己ハ諸仏ナリト覚知スルコトヲモチヒズ」との教えに説かれてあり、これら一連の私心を離れた師弟間の「こころ」の一体感は、年齢・性別・職業の相違も越えた共通の「広場」として、今日にも見い出すことができ、それぞれの生活を根底から支えている。その意味ではこの「広場」の発見は故・杉先生との「こころ」の交流にも連なる。

また、「橋田先生は髪こそ白けれ、勉強して倦むことを知られぬ永遠の若人であられた。そして正しいことや、良い話にはいつも涙たれる純情の青年であられた」、「科学を愛される先生はまた芸術を愛された。かの泉鏡花とは学生時代から互いに相許した仲であられた」。これは私にとっては従来の橋田先生の印象・孤高の哲人を覆す新たな発見だった。

巻末近くに書かれた杉先生の「道義日本を再建して世界文化に寄与するには『知』の裏付のある『徳』

を必要とする」。このせっかくの名言も、物や知は豊かになったが余りにも『徳』の欠如した事態の頻発する最近の日本の世情とは大きく乖離しており、その現状を冥界の杉先生はどんなにか嘆いておられよう。

以上は群盲の一人として私の垣間見た杉先生の断片にしか過ぎません。

最後に改めて杉先生の御冥福を心からお祈りいたします。

（元日本医師会雑誌編集委員）

我が国の訪問入浴介護事業の普及に尽力された杉靖三郎先生

西　三郎

株式会社デベロの先代故立井宗久は、戦後に大陸から引き揚げ苦労しながらデベロ工業株式会社を立ち上げ、昭和三十年頃からガラス繊維強化プラスチックの黎明期に、数多くの特許、実用新案を取得し新製品の開発に多大の足跡を残した。さらに、寝たきり老人、障害者等の入浴困難な方々への寝たままで入浴ができる浴槽を一九七一年に開発に成功し、翌一九七二年に、水戸市長木村傳兵衛氏からの要請を受けて、この浴槽を積載する移動入浴車を開発、水戸市に第一号車を納入し、寝たきり老人宅を訪問して入浴する事業を始めた。

この頃、先代が故杉靖三郎先生との対談の機会を得て、先生のご指導のもとに寝たきり者への安全な入浴の入浴福祉の研究に着手し、入浴福祉の実務にかかわる職員研修を目的として一九七四年第1回全国入浴福祉研修会を開催した。その後、一九八〇年に西三郎が講師として参加し、この事業の社会的な意義を認め、老人福祉分野の研究者の第一人者故那須宗一中央大学教授にもご参加いただき、さらに筑波大学より大貫稔教授、小池和子講師（現茨城県立医療大学教授）、大貫教授退会後は柴田博東京都立老人医学研究所副所長（現桜美林大学教授）、白倉卓夫群馬大学医学部名誉教授、田中荘司厚生省老人福祉専門官（現日本大学教授）、厚生省老人福祉課長を退職後に参加された古瀬徹現金城大学教授等数多くの老人医療、老人福祉の専門家が研究会に参加し、基礎的な研究を含めて安全な入浴方法を開発し、現在の介護保険における訪問入浴介護の方式を確立させた。その間に株式会社デベロでは、故杉靖三郎先生を代表理事とする全国入浴福祉研究会の立ち上げに協力するとともに、会社内に、西三郎を代表理事とするデベロ老人福祉研究を設置している。

このように、故杉靖三郎先生は、福祉現場における入浴に関する生理学の助言のみならず、入浴福祉の実践的活動に幅広く指導的な役割をお亡くなりになるまで果たされたことを報告いたします。

（株式会社ヘルスケア政策研究所理事長）

杉靖三郎先生を偲んで

種ヶ島永宝

杉靖三郎先生には、私どもの日本総合医学会に長期にわたってご理解、ご協力を頂きました。昭和四十七年、五十五年には学会頭を務められ、その後も、学会の後継者育成のため始めた学生論文審査委員長を平成十年まで務められ、本学会の発展に絶大なるご尽力を頂きました。

生理学者としての学問的業績は言うまでもありませんが、四十年間にわたり国際的視野に立つ人材を育成されたご功績は特筆に値するものであります。また、忘れてならないのは、橋田邦彦先生門下の研究者として、東洋思想・道元禅師へのご造詣の深さであります。東西文化の比較研究を進めるかたわら貝原益軒の研究をされ、我が国古来の養生訓が現代生活に適合する優れた健康法であるとし、「H・セリエ博士」のストレス学説を掲げて広く国民の健康増進に寄与されました。東洋医学にも早くから着目され、最先端の電気生理学の成果とあわせて「総合医学」臨床応用への道を切り開かれました。

過食の害については養生訓にも記されておりますが、先生は現代栄養学の基礎となったドイツの「ルブネル」や「フォイト」の「カロリー学説」を問題視され、「ローカロリー・ダイエット（小食）」こそが健康の基礎であると説かれました。ご自身も朝夕二食主義を通しておられたと聞き及びました。早寝、早起き、スケッチブックを手にしながらの散歩を励行しておられました。お話をしながら同行させて頂いたことも、今は懐かしい思い出となってしまいました。

私が先生にご縁を頂いたのは医学生の頃、先生の生理学の本を教科書として勉強してからでした。その後、先生は日本医師会雑誌の編集長を三十有余年にわたって務められ、何ものにもとらわれぬ達意の論評を長く愛読させて頂きました。晩年の日々は住まいがお近くということもあり、また総合医学会の関係からお宅にお伺いし、時の過ぎるのも忘れてお話をお聞きすることができました。戦後の強化米は先生の御発想であること、今の学者は木を見て森を見なくなったなど、談論風発して止むことなく老いて益々ご健在でありました。一時期までは「ヘビースモーカー」であられましたが、人に禁煙を説くからにはと晩年には禁煙されたゆえ、いずれにしろ、九十六歳のかくしゃくとしたご生涯は範としなければなりません。

総合医学会については、その理念と運動に深く共鳴され大いに期待されておられました。沼田名誉会長とも親しく交わられ、中嶋理事長の著書を絶賛されるなど、本会とのご縁はまことに深いものがありました。先生のご逝去は人間いちどは迎えなければならぬ世の理とはいえ、まことに悲しく、良き師、良き指導者を失ったことは言葉に尽くすことができません。先生への感謝、御恩を胸に抱きつつ、只々ご冥福をお祈りするのみであります。

（日本総合医学会副会長）

杉靖三郎先生を偲んで

岩崎　義正

私が学部の学生であった昭和三十年頃の先生は大変お忙しい毎日を送られていたように思います。この頃は第二次世界大戦終結から十年程経過して、世の中は戦後の混乱から脱却し、日本経済は高度成長期を迎えようとしておりました。遊ぶことは悪で、勤勉は絶対的に善であるとする風潮の中で働き中毒と言われる会社人間が溢れはじめておりました。そのような社会状況の中で多くの人々が体調不良を訴え、健康不安を感じていた折り、先生はカナダのモントリオール大学のハンス・セリエ教授の提唱するストレス学説をいち早く日本に紹介されました。現代病の謎を解く一つの大きな鍵であり、今日でこそ当たり前の「ストレス」という言葉が、その頃は未だ一般には殆ど知られていない時代でした。脳下垂体―副腎皮質系の連関から、ひいては心とからだとの関係を科学的に結び付けた偉大な業績を、分かりやすく解説し、その啓蒙のために講演や執筆活動を情熱的・精力的になさっておられました。これまで精神と肉体とは古くから関係が深いと言われてはおりましたが、経験則に基づいた事象から論じられる事が多かったわけです。それが、両者の関係を物質的に、科学的に明確な説明を可能とする時代を迎えたのだなあ、という感慨を覚えたものでした。

先生は大学で「身心相関」という講義をなされておりました。心とからだとの関係を、ストレス学説の基礎的・基本的事項をはじめ、クロード・ベルナールの外界の変動に対する生体内部環境の適応機能、後にキャノンはこれを恒常性維持機能すなわちホメオスタシスと名付けたこと、中国や貝原益軒の養生法の合理性、ロシアのある長寿村の食生活などを交えて話されました。また、心身は従来、心を上に「心身」と書いてきたが、本来は「身心」と身が上にくるべきであることを強調なさっていたことを思い出します。「泣くから悲しい」のか、「悲しいから泣く」のかという問題に、ウィリアム・ジェイムズの「泣くから悲しいのだ」という感情の抹消起原説を紹介されました。当時「悲しいから泣く」、つまり精神がもっぱら肉体を支配していると考えられた時代に一石を投じたという話しは非常に印象深く、今でも心に残っております。

さらに、ウイルヒョウが「細胞病理学説」（一九五〇年頃）を唱えて以来、近代医学はおおいに進展したことは間違いないが、しかし、その影響はあまりにも大きく医学はますます細分化され専門化され、その結果、研究においても病人全体よりも細胞・組織・臟器に集中され過ぎたことの弊害を嘆いておられました。最近でこそ多くの方が同じような指摘をされております。このことは運動生理学を専攻する我身にとっても人間を扱う上で極めて重要なことで、心しておかなければならないとそれ以来肝に命じてまいりました。

杉先生は折に触れ、多くではありませんが橋田邦彦先生のこと、正法眼蔵のことを話されました。道元禅師の言葉を引用して生理学を解釈して下さいました。その生命哲学は高遠で深く、私には辛うじて一部をなんとか理解するものの残念ながらその多くはとても理解できたとは言えるものではありませんでした。それらを理解するにはもっともっと勉強しなくてはとの思いを強くさせられ、自分の学のなさを痛感させられたものでした。

『日々是好日』と墨書された色紙を杉先生から戴いたのは、確か今から四十五年前の一九五七年三月、私が専攻科を修了する送別会の席であったと記憶しております。以来、この言葉を座右の銘として常々心掛けてきました。それまでに私には二つの座右の銘といえる程のものではありませんが、気に入った言葉がありました。一つは私が旧制中学のとき、明治大正文学全集の中の川柳に「悪しきとて唯一筋に捨つるなよ、渋柿を見よ、甘柿となる」とあり、自分もきっとどこか取りえが有るに違いないと勇気づけられました。二つ目も中学での漢文の授業で教わった「むしろ鶏口となるも、牛後となることなかれ」の一節には、人生すべからく背伸びをするな、分相応にせよという説得力を強く感じました。つまり、物事を広く大きく見る目と自分探しに少なからず影響を与えてくれた言葉でした。感じ易いこの中学期以降、高校、大学までの間あまり感銘を受ける機会に出会うことはありませんでした。久々に心に訴える言葉に出くわしたと思えたのが三つ目の『日々是好日』でした。この言葉は前の二つを前提に、一日一日を大切に送りなさい、という事であると捕らえました。いよいよ社会人として船出をしようとする者にとって、これからの生き方の根幹を示唆してくれるものでした。

先生はまた趣味も多彩で、絵やピアノなどをたしなまれるとは聞いておりましたが、直接拝見・拝聴したことはありませんでした。最近、杉行夫様よりお贈り戴いた「杉靖三郎の略歴」の中のカラーの絵を拝見し、その確かなデッサンや清楚で柔らかな筆遣い、色遣いなどその感性の良さに、ご性格の優しさが滲み出ていると改めて感服いたしました。私も二年程前から油絵を習いはじめました。かつていろいろな展覧会や画廊などを巡っておりまして前衛絵画はよく理解できませんでしたが、たまたまモネの絵を見てから特に絵に惹かれるものがありました。かねがね時間的余裕ができたらゆったりと絵でも描いてみたいなと思っておりまして、定年をきっかけに始めた次第です。そこで最近想うことは、絵は実物を必ずしも実物通り描く必要はないこと、それは写真にはかなわないことです。むしろ描く人の気持ちを感じるものを、素直に出すことが大切であると思いました。それにしても、絵には個性が随所に表れるものだとしみじみ感じ入っております。

私の大学在学中に感心した事があったのを思い出しました。ある雑誌社の方が研究室の杉先生のところに原稿を受け取りに来た時のことでした。先生はその方に少し待って頂いている間に執筆され、やがて出来上がった原稿を渡しておりました。このようなことは私にはとっては考えられないどころか、到底不可能なことです。後日、その雑誌を読んでみますと、その引用内容の豊かなことは文献の読書量の多いことの証明であり、文章は平易でその構成の素晴らしいことは文才に秀でていることを如実に物語っており、ただただ感服したのを覚えています。幸いにも先生がご著書を数々ご恵贈下さいましたので、時折開いては参考にさせて頂いております。

先生に仲人をして戴いた家内とは既に四十余年の歳月を平穏に送っております。私の二人の子供も結婚し、それぞれ二人ずつの孫にも恵まれ、幸せに過ごしております。長い間いろいろと有難うございました。

先生のご冥福をお祈りしながら、筆を置かせて頂きます。

（東京都立大学名誉教授）

杉靖三郎先生の思い出

竹宮　隆

先生のご訃報はたいへんショックであった。それは、一度お見舞いに上がり、次の日時が雑事で決まらずいらいらしていた時でもあったからである。現在の長寿水準からはまだまだお元気であり、またお会いできるという軽い気持ちが後悔に一転してしまった。今は、ご冥福をお祈り致すばかりである。

この度は、先生の思い出を綴る企画にお誘い頂くことになった。先生の思い出は多いが、やはり大学初期の印象は強烈であり、この頃の幾つかを話題にしたいと思う。

大学二年（昭和二十九年）の春、初めて先生の講義を選択する時間割上の余裕が出たことから、毎週月曜日の第二時限「身心問題」の聴講は楽しみであった。大教室は遅れると座席が確保できないほど盛況であった。身体と心は豆のようにころころと動くことで身心の調和と健康が保たれるのだから、文武両道の修養は生理学的にも大変に意味があり理にかなっている、と当時の我が国に先生が紹介されたストレス学説を中心に、心身相関の科学的背景を説明して下さった。温かい情的心と冷静な知的心は共に大事であることも力説されていた。青年の研鑽とはこんな風にやることだ、はやる心の横溢とはこうゆう状態のことだ、と先生の青年像を実演してくださっていた。見本では得られない手本の厳しさをも示していただいた。先生は当時すでに五十歳を越えておられたが、いつも青年であり、若々しい先生であった。

先生は、戦前から東京高等師範学校の講師を兼任されており、教育に深い関心を持っておられた。何かの話題のなかで、発育期から成人に至る過程の中では、師範学校が果たす役割や意味の大きいことを話しておられた記憶がある。とくに幼児の生活行動や運動技術の教育における教師の師範は大事なことだと強調しておられた。教育の重要な側面の一つは、心身の調和と規範を生活習慣のなかで自然に形成していく行動にあると思われる。現在、青少年の現状には心配なところがあり、先生のお言葉を思い起こしている。

当時の大学は三年次生から研究室配属が決まり、卒論テーマの選択が義務になっていた。生理学専攻の希望が受け入れられ、人体機能学講座（杉靖三郎教授）に配属となったときはうれしかった。この講座の名称はのちに運動生理学となった。この所属決定は、他講座（原論担当）の前川峯雄教授からも喜んでいただいた。これからは生理学が大事だ、それでよい、それでいきなさい、と応援して下さった。前川教授は体育科学や健康科学の将来を見据え、杉教授をお迎えしたお一人だったのである。

卒業論文を作る段階に入ったとき、当時わが国に紹介されて間もないストレス学説を、医学ではなく健康科学の立場からもっと学びたいと申し出て、周囲の助教授・助手の先生方をはらはらさせた。杉先生は国立公衆衛生院の田多井吉之介先生をご紹介下さり、その後一年間は衛生院で過ごすことになった。卒業の三月、再び先生の先生に無理なお願いをしてしまった。そんなに生理学がやりたいのであれば、昼間は助手の先生の手伝いをし測定機器が空いた夜間に実験をしなさい、と卒業後の残留を許して下さった。

無給助手のことは正式には教務補佐員と称し、引き続き大学へは職員並みに出入りが出来るので本当にうれしかった。先生は、小田急線代々木上原の駅前喫茶店で時々急ぎの原稿を書いたり記者と会われたりしていた。都内の講演などでお出掛けの折りには駅前のコーヒーをいただき、講演要旨のお話までも聴くことができた。今から思うと、本当に贅沢な個人指導を頂いていたことになる。

先生の講演は全国的であった。ある日、先生は群馬県渋川の教育委員会へ講演に出かけることになり、一緒に行こうと声を掛けて下さりお供をすることになった。文京区内の大学本部から会議が終了次第すぐに車で赤羽駅へ直行するので、駅のホームで待ち合わせしようと言われた。待ち合わせ時間が過ぎても先生は現れず、まもなく列車がはいってきた。列車には乗るわけにもいかず、はらはらしながらホームに立っていた。当時の列車は蒸気機関車で引っ張られ、スタートものろのろしていた。そのとき、階段をどたどたと降りてくる人があり、先生だった。近くの車両の入り口から乗車なさればよいのに、私の立っているところまで、それはもう疾走であった。先生が走る、これは本当に驚きであった。先生への認識は毎日が更新の連続であった。ぼくは学生時代に走ったことがあるんだ、と昔を話して下さった。渋川の講演会が終了後、宿泊先の伊香保温泉に向かった。急斜面の石段を登りながら振り返った夕暮れの光景はいまも鮮明によみがえってくる。翌日は、白樺の目立つ榛名湖畔を車の窓から眺めるだけで帰京した。時間があればスケッチがしたい、と先生の言葉がもれてくるような感じがしたことを思い出す。

先生は握力測定でいつも高い数値を出すと聞いたことがある。晩年までの長い著作活動からは先生の強靭な精神力が拝察された。しかし、最近二年ほど前のことだが、先生がご入院されていることを聞きお見舞いに出かけた。秋晴れの暖かい午後だったためか、先生は入院グループと一緒に近くの公園へ出掛けたばかりだと知らされた。道順に従い追って行くと、車椅子を押す看護婦さんの列が見えてきた。池を囲むように休憩に入ったので、先生の列に近づき、看護婦さんに身分とお見舞いのことを話した。病院の正規の作業時間中ではあったが、少しの時間ならよいということで先生にも近づくことができた。車椅子に腰掛けた先生に目でご挨拶したが、知らない人という反応であった。看護婦さんが、こちら竹宮さん、お弟子さんよ、と声を掛けてくれた。初めて、「おー、知っとる」と大きな声が返ってきた。お見舞いに来てよかった。こちらの白髪は先生を惑わしたが、名前で記憶の確かさがはっきりした。安心した。車椅子の後ろにまわり五分ほど肩を揉みながら、声を出せば必ず涙も一緒に出てしまう状況だったので、周囲の流れに便乗してその場を離れた。

先生からは、生理学とその実践の在り方を深く教育していただいた。「身学道」は学生時代の心をつくり、現在も行動の基礎になっている。先生は師を語り、師を尊敬した。ご自身も師を懸命に生きられた。このような伝統の継承は至難なことであるが、努力を惜しまず万分の一でも若手に伝えていきたい。先生に感謝を捧げ、心からご冥福をお祈りいたします。

（筑波大学名誉教授）

杉先生の思い出

関口　栄

学問、研究――何をどのように研究すべきか思い悩み困ったりすると言うが、固定されたものが先にあってこれでなければ駄目だと考えるから大変なので、自分の興味や関心、なぜとかどうしてとか不思議に感じた疑問を考えることから始めるんだから、もうやることはそこいら中にたくさんあるんで、虹だってその現象が先にあったからどうしてなのかと後から研究が始まり、物理学的に解明されたのだし、まず興味や関心が大切で、研究方法なんかは今までのことは全部本にあるからもう簡単なんだよ。いろんな現象で未だ理解できないもの、わかったようでもまだ十分でないものや、わかったと言ってもどうも怪しいもの等がもういっぱいあるんだから…。いろんなこと（現象）を注意して見ると、やることはもうたくさんあるんだから大丈夫だよ…。といつも目の前にすぐ手の届きそうな可能性を示して勇気づけて下さる先生でした。

＊　＊

私達が受験した年も東京都の教員採用試験は厳しい状況でしたが、学部全体の合格者数を上げて教育大の面目を保ち、学部の中で合格者数のトップを占めたのは運動生理・杉教室のメンバーでした。そのことを先生は大変喜ばれ、君達は一体いつ勉強したんだね、みんな優秀なんだね、と本当に嬉しそうに何度も何度も誉めて下さいました。これも常々心配して下さっていたお気持ちの現れと深く感激した一コマでした。

＊　＊

昭和四十一年の初冬、やわらかな光が差し込む研究室で、私は先生から福島大学への推薦文を書いて頂きました。二人の関係はどうしようかね、とペンを置き片手で眼鏡を上げた後、「よし、師弟関係としよう」とおっしゃられ、優しい眼差しを向けられた。同席していた阿久津先生が、「関口君これはすごいなあ」と賛意と重大性の自覚を促すかのように言葉を添えてくれました。固い決意と大きな感動を胸に、身の引き締まる思いでした。

＊　＊

私の結婚は四十五年三月でした。実家は横浜でしたが勤めは福島です。挙式のご報告をすると先生は大変喜んで福島でもいいよ、行ってやるよとご快諾下さいました。ご多忙のために飯坂温泉での前日の宿泊もお断りになり、当日朝早く東京から駆けつけて下さいました。過分なる主賓のご祝辞はもとより、先生のお陰で本当に心に残る素晴らしい結婚式となりました。「一番遅かったので心配したが、良かったね。時間がかかっても納得する結果に努めることが大切なんだよ。もったいないようなお嫁さんだね」と僕達の結婚を祝福し、大学での仕事についても貴重な示唆を頂き、人生の門出を励まされました。

母は先生の大のファンでしたからこの日お会いできたことを生前とても嬉しかったと喜んでおりました。

新幹線もなかった当時、トンボ返りでお祝して下さった先生のお人柄を家内と共に感激しております。

＊　＊

先生のお話の中には、常に物事の表面だけでなくその本質の理解が重要である、との教えがありました。「今できる身じかなところから始めて、だんだんと次のステップに進んで総合的な理解を広げること」「断片的なことやたった一つの側面を知っただけなのに、すべてがわかったようなつもりになってはいけない」などの意味が含まれていました。

お話を聞いた直後、私達はもう寸時も停滞しておられず、すぐに動き出さなければとの思いに駆り立てられたものでした。

先生は決して勉強しろ、とおっしゃったことはありませんでしたが、勉強を前提としてのお話が多く、身の縮まる思いもあれば、また逆に学んでいた内容の時には晴れやかな気持ちで認められた嬉しさが爽快でした。

ご自宅ではいつも気品あふれた奥様の暖かいご接待を頂き幸せでした。

＊　＊

平成十二年三月、先生の推薦文を頂いて以来、三十三年間勤務した福島大学の定年退官を無事迎えた旨のご挨拶を申し上げた際は、永いことご苦労さんでしたね、良くやり終えましたね・・・との暖かいご返書の中に、常に心を懸けて下さっていた幾多のご心情が無限に伝わってくる思いで誠に感無量でした。

先生への思いは尽きるところを知りません。ここにあらためて数々の御礼と感謝の念を込めて、東京教育大学運動生理学・杉研究室の第一回卒業、同期の十一名の友と共に、衷心より先生のご冥福をお祈りいたしますと同時に、奥様のご健勝を祈願申し上げます。

（元福島大学教授）

研究者への扉を開いてくださった杉先生

勝田　茂

それは昭和四十二年夏の終わりごろのことだったと思う。杉先生から「九州大学で運動生理学を専門にしている人を探しているが、行ってみる気はないか。もし、その気があれば推薦しよう」という話をいただいた。当時、東京教育大学体育学部の付置スポーツ研究施設運動生理学部門で助手をしていた私は、常々、医学部のある大学で勉強をしたいと考えていた矢先でもあり、一も二もなく「ぜひ行かせて下さい」とお願いした。

それから一、二週間後、仕事で御殿場へ行っていた出先に家から電話があり、「九大から急いで書類を提出して欲しいという連絡があり、明朝までに杉先生の許へ書類を届けるように」ということだった。私はその日の深夜東京へ帰り、徹夜をして業績目録をまとめ、早朝、豪徳寺の杉先生のお宅までお届けした。先生は私を見るなり、「やあ、急がせてすまなかったねえ」とにこやかに迎えてくださり、書類を受け取って下さった。三十五年以上も前のことであるが、昨日のことのように鮮明に記憶している。半年後、私は九州大学に採用になり、以来、細々とではあるが研究者の道を歩ませていただいていた。

　杉先生の研究室に入れていただいたのは、大学三年のとき（昭和三十二年）だった。私たちの学年は九名の入室者があったが、代々木上原の喫茶店で、先生からいろいろな話を伺うことがしばしばだった（コーヒー代はいつも先生が払って下さった）。当時、外国へ行くのもままならない時代、外国のことなど全く知らない学生にとっては、一つ一つが興味をそそられることばかりだった。欧米各国をまわって帰国されたばかりの先生から、世界最先端の話題として、健康とか長寿の話を聞かせていただけることは、何とも眩しく感じたし、また、これからの時代、体育や運動の重要性がきわめて高くなる、ということを話して下さる先生に勇気づけられたものであった。かれこれもう半世紀近くも昔のことであるが、杉先生の先見の明には全く驚かされるばかりである。先生からいろいろな話を伺いながら、私もいつの日か外国へ勉強に行ければいいなあと思ったことであった。それが実現したのはそれから十五年も経ってからであった。私の学生時代、卒業論文発表会で杉先生が講評としてよくおっしゃっておられたのは、「方法論をきちんと」ということだった。「卒業論文は学生にとっては初めて行う研究であるし、結果は必ずしも期待しない。要は手順を踏んで研究が行われているかどうかが大切である」ということである。時を経て、九大から筑波大へ移り、自分が学生を指導する立場になってからの二十年間、先生のこの教えは私もずっと学生に言い続けてきた。

門下生の末席に加えていただいたことを今でも誇りに思っている。

（筑波大学名誉教授）

日々是好日

亀井　貞次

北大で開催された昨年の体育学会（二〇〇一年九月二十四—二十七日）で、竹宮先生から来年の学会は埼玉大学だから同級生のみなさんに声をかけ、杉先生のお宅にお伺いしようとありがたいお誘いを受けました。

ところが、思いがけない杉先生の訃報が竹宮先生から届きました。竹宮先生の電話の様子から先生自身も信じられない事態に戸惑っているのが感じられました。

私達は一九六〇年四月から一九六二年三月の卒業まで二年間、ゼミ、講義を受けました。なかでも、『心身の問題』の講義ではこの講義は『心身の問題』ではなく、からだのことを専門とするあなたたち学生諸君にとっては『身心の問題』なのです。と私達学生にとってはなじみのうすいストレス学説を懇切丁寧にご教示くださり、四十年経った今でも昨日講義を受けたように鮮明に思い出すことができます。

また、ゼミでは先生の豊富な知識と経験を織り交ぜながらのお話のなかから、教育・研究に対する姿勢、研究のノー・ハウを学びました。なかでも先生の記憶の正確さ、語学力の高さには目を見張りました。

ときには、お兄様の渡辺紳一郎さんとの楽しい交友にも触れられ、先生からは数えても数えきれないほどのものをいただきました。お忙しい日々の中で、貴重な時間を学生のために割いてくださり、私の大学時代は本当に恵まれました。卒業時に先生からいただきました色紙、『日々是好日』をモットーに先生に一歩でも近づこうとしている教え子の一人です。

先生のご冥福を心よりお祈りいたします。

（名古屋学院大学教授）

「身心」と「心身」

中原　凱文

杉先生の追悼文集の原稿依頼のお手紙を晴夫先生から頂きました時、「偉大な業績を持たれておられるばかりでなく、多方面で御活躍されました杉先生の追悼文集を構成する一人として、相応しいのだろうか？」という懸念を抱きました。しかし、杉先生もご尽力されました日本で初めて東京教育大学に創設された体育学研究科（修士課程）の一期生であること、また多分杉先生が東京教育大学在職中の運動生理学研究室卒業生の仲人は、私の結婚式が最後ではなかろうかと思いましたので、お引き受け致しました。

幅の広い物の見方を教えて頂いた大学二年生の時に「身心相関」という授業を受講させて頂き、「こころ」と「からだ」の関連性に関する興味深い講義を伺いました。私の大学生、院生時代を含めて最も真面目にノートを取った授業だと思ってます。杉先生のお話をお聞きしている時は、何とか理解出来たような気がしたのですが、下宿に帰ってからノートを見ますと書いてある言葉の意味は理解出来るのですが、その言葉同士がどのような関連性があるのか理解出来ないことが何回かありました。仕方なく翌週の授業が終わった時に質問に伺いました。杉先生は嫌な顔をせず、にこやかに「これはね、・・・だよ。今は分からなくていいのだよ。」と仰って下さいました。若造の下らない（と思われたと思うのですが）質問に丁寧にお答え下さった先生のお姿を今でも覚えております。それ以来、この「身心相関」の授業を三年、四年と三年間受講させて頂き、今でもそのノートだけは持っております。その時に「これを読んでみたら。」と仰しゃって、橋田邦彦著、杉靖三郎編「正法眼蔵の側面観」という本にサインをして下さいました。当時は難しすぎて読めませんでしたが、最近になってほんの一部ではありますが、理解出来るようになってきました。奥の深い本であり、先生の講義がこの本の教えのごく一部をされていたのだと言うことに気がついたのは、おはずかしい話ですが、私が五十才前後になった時でした。

研究をしたり、学生（大学院）の指導をする時に、何時も肝に命じているのは「何ごとにも正面と立ち向かうと供に、その裏や側面的なものにも配慮しながら物事を見なければならない。」と言うことです。杉先生のお話をお聞きしていまして、このようなこと（科学するこころ）を何気なくサラリと何かにつけお教え下さったような気がします。

この授業を受けたお陰で、その授業に特別講師でお見えになられました渡辺俊男先生（当時、お茶の水女子大学）と今でも御懇意にさせていただいておりますし、渡辺先生のお供で来られました川原ゆり先生（現在、日本女子大学教授）とも御懇意にさせて頂いております。

また、修士論文で「睡眠の効果」に関する研究を行ないましたが、先生が「睡眠に関したことをやるなら、一度大島君の所に行って来なさい。」と紹介状を書いてくださり、東大の大島正光教授の部屋にお邪魔し、大島先生のご指導を頂きました。僅か二日間でしたが、睡眠の話ばかりでなく、人間工学的なお話を聞き、大変感銘を受けました。当時としては大島先生は私から見れば「雲の上の人」的存在の先生でしたが、杉先生が直接電話をして頂いたためだと思うのですが、気さくに多数の文献をご紹介下さり、ご指導願えたものと思っております。

東京教育大学大学院を修了してから、国士舘大学、三重大学で奉職し、国士舘大学では教育大学の助手をされていました阿久津先生が非常勤講師を長く勤めておられていましたが、私が専任講師になることになり、運動生理学研究室を正式に立ち上げる次第となりました。三重大学に移ったのも、「大学院を作るから」と言うことでしたが、単身赴任のため、途中で断念し、縁がありまして東京工業大学（東工大）に職を変えました。

東工大に職を持ってから間もなく、「大学院重点化」対策が始まり、一般教育を担当している教官をどのようにするかが問題となり、世界に類を見ない日本で初めての試みである「理工系分野と人文系分野との融合した大学院」を作ることになりました。文部省（当時）の役人からかなり辛辣な注文と意見を聞かされましたが、何とか「社会理工学研究科」を立ち上げることが出来ました。大講座制（従来の三講座分）をとり、我々の所属する「人間行動システム講座」の中に二つの基幹講座（大講座）と一つの協力講座を作りました。私が所属する「行動システム講座」には、従来の小講座に相当する「分野」が三つあり、私のいる「生体動態分野」の他に、言語関連（ロシア語、フランス語担当）の「言語行為分野」と心理、ホルモン系の教官の「身心相関分野」という名称にしました。

担当教官及び設立準備をしていた教官並びに事務官から、「どうして『心身』でなく、『身心』なのですか？パソコンでは『心身』なのですが。」という質問を幾つか受けました。このような質問を受ける度に、「私の学生時代の恩師から『人間を科学する』ということはどのようなことかについて、その一端を教わり、私の心の支えになっている考え方を教えられました。それが道元禅師が書かれた『正法眼蔵』にある『身心学道』であり、健康というものの基本的な考え方が『身心一如』であるので、敢て『身心相関』という言葉を用いました。」と答えました。

杉先生の教えを受けたものとして、少しでも先生に対する恩返しが出来ればと思い、この名称を東工大の大学院の研究分野（小講座名称）として残させて頂きました。

改めて、私の心の中に存在されていた杉先生の偉大さを認識させられ、ポッカリ開いた空洞の大きさを感じておりますが、これからは先生に教えを頂きましたことを少しずつでも、社会に対して恩返しでも出来ればと思っております。

杉先生が安らかにお休みになられますことを祈りつつ、御冥福をお祈り致します。

（東京工業大学教授）

故杉靖三郎先生を偲んで
——学生時代の思い出

増原　光彦

東京教育大学名誉教授、杉靖三郎先生は、去る平成十四年五月二十九日ご逝去になられました。享年九十六歳とお聞きし、大往生を遂げられたと思います。とは言え、ご家族の皆様にとっては最愛の方が永久に居なくなるということは、その寂しさは如何ばかりと心からお悔やみ申し上げると共に恩師、故杉靖三郎先生のご冥福を心からお祈り申し上げます。

師、杉先生には昭和三十八年四月に私が東京教育大学体育学部の三年生で配属された生体機能学講座（杉教室）でご指導を戴きました。とは言うものの杉先生のご高名は大学入学前の高校生時代から存じておりまして、杉先生の生理学者としての業績などを私の父から聞いておりました。私の父は曹洞禅に若くから親しみ、私も時々禅道場に連れて行かれて禅を嗜みました。その時に杉先生の禅の生理学的研究の業績が全国に知れ渡っていたことを聞きました。

さて、杉教室に入室してから、先生の講義及びゼミナールを中心にいろいろなお話をお聞きし、ご指導をいただいたわけですが、正直なところ先生のお話は私の能力では余りにも高尚すぎてその内容を理解することが出来ませんでしたが、しかし研究のムードというか、研究とは何か、研究の価値はどこにあるかなど研究の大切さを教えて戴きました。杉先生とのこの出会いが私を密かに研究者の方向に向かわせた、まさしく私の研究者としてのルーツとなります。大学一、二年生時代に杉先生から二科目の講義を受けました。その一つは「生理学」で、言うまでもなく基礎となる既成の学問ですが、先生はこの学問を無理に押し付けるでなく、面白おかしく、飽きさせないお話であったと思います。そしてまた、からだの機能について学生に自然に疑問をもたせるような、また積極的に考えさせるような興味をそそる講義でありました。もう一つは「身心の問題」と言う講義です。この講義は私にとって少々難解な講義であったと思いますが、まず私が考えた疑問は、一般に「しんしん」とした場合は「心身」と「心」を先に出して書きますが、この講義の場合は「身心」と「身」が先にでるわけです。この疑問を先生は大変面白く宗教問答のような語り口で説明されたように思います。「身心一如」、『身(み)』があってこそ『心』が存在するから、『身』が先にあるべき」ということを話されたように思います。以後、私もことあるごとに「身心」を使い、私の学生にも受け継いでおります。この先生の二科目の講義は壮烈に私の心をえぐり、三年生になったら何が何でも杉教室に入室しようと心に決めたものです。しかし、如何せん定員があります。その当時は十名が定員だったと思いますが、そこに最も人気のある講座ですので、希望者が殺到します。 競争率が高く、不合格だったらどうしようと不安に苛まれたものです。 幸いに合格となり意気揚揚と杉教室に入りました。

ここから本格的に先生のご指導を直接受けるようになりましたが、その一つがセミナー（演習）です。毎週一回のセミナーで、思い出は確か膜興奮理論の「ガッツの理論」について数式を黒板に書きながら批判され、自説を解かれたことです。その時には内容は全く解りませんでしたが、科学、学問の厳しさと尊厳を身をもって知ることが出来ました。

セミナーのもう一つの思い出は、非常に難しいことの話ばかりでなく二週に一回は近くの喫茶店でのセミナーです。もちろんお茶代はすべて先生が出して下さいました。喫茶店でのセミナーは、車座的に頭をすりあわさんような状態で自由な議論をさせていただいた思い出があります。

また実験の手伝いもさせていただき、それも私にとって大変勉強になった一つです。その一つを紹介しますと、一つはラットを対象としたストレスの実験であります。簡単な飼育小屋にラットを飼育し、そして尿の採取を手伝うものでした。また、先生が解剖するときにはそれを側で見学するものでした。その時は今のように自動水洗装置や自動給水装置もありませんでしたから、毎日ケージの清掃と餌や水をやりそして採尿するというものでした。この経験が大阪体育大学での研究生活で直接役に立つことになります。そして、大阪体育大学で始めて動物実験をやりはじめ、現在に至っております。さらに実験道具を自ら製作する姿勢も研究する上において大切なことです。特にその当時簡単な電気機具を組み立てることが必要でありましたが、私も先生のアドバイスを受け真空管を利用したラジオを組み立て、そこからヒントを得てサーミスター回路を組み立てて、運動中の呼吸曲線記録装置を造った思い出があります。

この杉先生との出会いはもちろん私を学問、科学の研究へと導いて戴きました。そして、昭和四十年卒業後、縁あって新設された大阪体育大学のスポーツ生理学の助手として赴任することになり、研究活動に入りました。このような機会に恵まれたのも杉先生のご指導の賜物と感謝いたしております。早速、大阪体育大学では大阪大学医学部生理学教室を定年退職されて大阪体育大学スポーツ生理学の教授として赴任された故久保秀雄教授のご指導を受けることになりましたが、私が杉靖三郎先生の指導を学生時代に受けたことを話しますと、「杉先生の指導を受けたなら、研究者として何の心配もないなー」と言われて私をさらに勇気づけていただきました。「何と幸運な私だろう」と思ったものです。あれから三十七年が経ち、大阪体育大学にもやっと昨年大学院博士課程、スポーツ科学研究科が設置され（修士課程は十年前に設置）、スポーツ生理科学講座の教授として後進の指導にあたっております。

学生時代の杉先生の思い出を縷々述べましたが、杉靖三郎先生にご指導戴いた財産は大変大きいものでした。心から御礼を申し上げ、私の一つの拙い論文〝Theoretical studies on capillary microviscometry of skeletal muscle actin〟を捧げます。

合掌

（大阪体育大学教授）

杉先生は私の道標です

生山　匡

杉先生の御略歴をみても、数々の著書をみても、スケッチをみても、毛筆をみても、そして、私の大学時代に先生からお聞きしたありとあらゆる幅広いお話と語学力、どれをみても思うことは、先生はどの道に進まれても秀でた業績を残されたに違いないということ。よって、先生のご薫陶も多方面に及んでおられること間違いないところですが、私には（今のところ）悔いのない私の人生を導いて下さった掛け替えのない先生、それが杉先生です。

大学時代、真面目さに欠け、ただなんとなく学生生活を送っていた私には、二年次に受けた先生の「身心の相関」という科目名の授業は、未知の明るい世界があることを私に漠然と感じさせた特異的な授業でした。今、教鞭をとっている私にとって理想的な授業、それが「身心の相関」のような授業です。しかし、それはまだまだ到達できない巨峰的な授業です。先生は、当時の最先端の難しい学問を知識が皆無の学生に極めてわかりやすく、また、そこにいたる歴史を踏まえて教えてくださいました。受けるのが楽しくてしょうがない授業、眼を輝かせて受ける授業、それが「身心の相関」でした。

身心の相関を受けたことにより、先生の講座「生理学研究室」に所属することを決めた私ですが、楽しみは先生の授業を受けることばかりでなく、先生が折々実験室にこられてたまたまそこにいる学生に四方山話をされる、それを、拝聴することでした。

私の大学生活は、怠け者の部類に属しますが、二つ誇れるものがあります。その一つは一時限にあった杉先生の講義「生理学」を受講する前にまだ誰もいないうちに講義室に行き、密かに教壇と黒板をぬれ雑巾できれいに掃除し、黒板けしの白墨をはたいてとり、それから授業を受けたことです。(杉先生はしばしば予告なしに休講をされましたが、私には、たとえ休講でも、「せっかく掃除したのに」といった感情がまったくわきませんでした。)

大学卒業後、縁あって私は、明治生命厚生事業団・体力医学研究所に研究員として入所しましたが、そこでの研究活動は杉先生の教えが基礎になっています。

先生は生理学研究室の卒業論文発表会で感想を述べられます。私は私の学生時代と、卒業後先生が退官されるまでに行なわれた発表会に参加しましたが、発表に関する先生の感想は研究の本質について論されることがほとんどでした。発表内容についてこまかなところを言及されることはほとんどなく、その実験はどのような目的でなされたのかを発表者に聞いておられました。つまり、これから社会に巣立つ若者に目的を持つことの大切さを諭されていました。

一般的に、研究にまず求められることはオリジナリティーです。しかし、その前に、その研究が何を目的に行なわれるのか、そのことが大切だということで、私は卒業後先生のご指導を直接受けたわけではありませんが、先生の大局観的な見方を私の研究における基本的な姿勢としてきました。具体的には、私の大学時代は運動をすることが健康にどのように影響するのか、この点に関する研究はまだ端緒についたばかりでした。それを明らかにする、それが応用科学の研究員となった私の社会に対する役割だと強く認識し、それを基本姿勢として研究活動をしてきました。

さて、私は平成八年から短期大学で教鞭をとることになり、研究活動の一線から身を引き、日々の教育活動に力をそそいでいます。教育とは何か、について試行錯誤をしながらの毎日ですが、教育の基本的な姿勢を考えるときも杉先生の授業が心の奥底にあり、それを支えに思考しています。

教育はただ単に学生が数年の学生時代に知識を得ること、それだけではないはずだと考えています。専門教育が重視されている今日、この考えは今風の考えではないと思います。しかし、あの楽しかった「身心の相関」を思い起こし、先生が卒業論文発表会などで私どもに諭されたことを思い起こし、そして、それが私の生涯に与えた影響を思い起こすとき、私が教える学生の生涯が身心共に豊かであるために私はどのように教育すればよいか、どのように学生に接すればよいか、ということを私の心の底において教育を考えています。

杉先生に直接個人的にお世話になったわけではありません。大学時代の僅か数年と卒業後何かの会でときどきお会いして、同窓の方々と一緒にいろいろ教示を受けたに過ぎないのですが、杉先生は私の人生の基礎を築いてくださいました。道標でした。私の人生を豊かにしてくださいました。そして、きっと私と同じような感慨を抱いている人が大勢いると思います。ここに心からお礼を申し上げ、先生のご冥福をお祈り申し上げます。

（山野美容芸術短期大学教授）

杉靖三郎先生を偲んで

佐藤　昭夫

医学・生物学のリーダーとして活躍された杉靖三郎先生がお亡くなりになりました。

杉靖三郎先生は、第二次世界大戦後の廃虚の中から今日に至る日本生理学の興隆に一貫して関わって来られました。杉靖三郎先生から直接教えを受けて、あるいは先生の著書の影響を受けて多くの生理学者が育ち、活躍しています。

私は残念ながら杉靖三郎先生の直接のご指導を受ける機会はありませんでしたが、北海道大学の医学部学生だった頃、当時の北海道大学教授・藤森聞一先生から折に触れて杉靖三郎先生のご研究を聞くことができました。そして杉靖三郎先生の著書を読んで、生理学についての考え方を養いました。

昭和四十八年、当時東京大学生理学教授だった内園耕二先生のお世話により、東京都老人総合研究所の創立に関わることになった私は、東京大学生理学教室に一時所属することになりました。内園耕二先生の教室を訪ねた時、そこに杉靖三郎先生のご長男の杉晴夫先生が居られました。そして杉晴夫先生からお父様のお話を沢山聞くことができました。

一度だけ杉靖三郎先生に直接お目にかかったことがあります。私は皮膚や筋の刺激で生じる自律神経系の反射性反応の研究をしておりましたが、この研究は鍼灸のような物理療法とも関係しております。杉靖三郎先生は生理学的考え方を日本の物理療法のメカニズムの解明に導入された先駆者です。私が杉晴夫先生のご自宅に伺った際に、杉靖三郎先生とお目にかかる機会を作っていただきまして、東洋医学と生理学のお話を聞かせていただき大変感激しました。

私は定年退職後生理学研究から遠ざかり、三年前に「人間科学概論」という教科書を書きました。この科目を講義する中で、生理学から離れて人間とは何かについて考えます。杉靖三郎先生の書かれた「人間の生態」（中山書店、昭和三十一年）、「日本科学の伝統」（春秋社、昭和五十七年）、「養生訓と現代医学」（春秋社、平成元年）などを読みますと、現在私が知りたいと思う考え方の本質が書かれております。今改めて杉靖三郎先生の先駆者としての偉大さに触れる思いです。

最も身近でお父様を見てこられた杉晴夫先生は現在、帝京大学医学部教授として、また世界一流の生理学者として活躍して居られます。自由に生き得る時代に子が父の生き方の影響を受けるということからも、杉靖三郎先生が研究者としてばかりでなく、人間として素晴らしい方だったことが偲ばれます。

（人間総合科学大学教授、生理学）

橋田邦彦先生と杉先生を思う
（告別式の際の弔辞の記録）

本川　達雄

弔辞

（遺影に向かって）

杉先生。私は先生には、一度しかおめにかかったことがございません。ですから弔辞を申し上げるのはご辞退申し上げたのですが、ご子息の晴夫先生のたってのご依頼で、こうして、ここに立っております。杉先生と直接親しい関係にあったわけではございませんし、杉先生といえば、はるかに遠い大先生ですので、おそれ多く、親しく話しかけるという形もとれません。ですので、ここからは会葬の皆様にお話するということで、はなはだ失礼ではありますが、あちらを向いてお話をさせていただきます。

（会葬者の方に向き直る）

なぜご子息であられる杉晴夫先生から私が弔辞を依頼されたのかと申しますと、杉靖三郎先生と私の父、本川弘一が、橋田邦彦の主宰する東京大学医学部生理学教室でともに学んだ兄弟弟子という関係があるからです。父親同士が同門なのですが、じつはその上に、息子である私たち、晴夫先生と私とが、これまた東大理学部動物学教室で、ともに木下治雄先生の下で学んだ兄弟弟子という経緯があります。父親の世代では弘一の方が杉先生の先輩、子の世代では杉晴夫先生が私の大先輩にあたります。このように親子ともども、きわめて因縁が深こうございますので、弔辞を読ませていただくことになりました。

杉靖三郎先生にお目にかかったのは、たしか先生の米寿のお祝いの席だったと思います。一度きりなのですが、先生のお名前は、子供のころからしょっちゅう耳にしておりました。父は「杉君」、母は「杉さん」。自分の弟子以外を父が君づけで親しく呼んでいたのは、杉先生と勝木保次さんくらいだったでしょう。私が生まれるはるか以前のこと、父が東大の副手だった頃、成城の広い借家に住んでいました。そこにはいろんな方がずいぶん頻繁に訪ねてこられたそうです。杉先生や慶応の田崎一二さんは御常連で、皆さんでさかんに議論をなさっていたと母が申しておりました。

杉先生を語るには、どうしても橋田邦彦について語らねばなりません。橋田邦彦は巨人でありました。東大の生理学教室を主宰し、そこに杉先生や父が世話になったのですが、たんに実験生理学をやっていれば満足という、ごくふつうの生理学者ではありませんでした。生理学とは生きている理（ことわり）の学です。それを学ぶには、そもそも生命とは何か、生きているとはどういうことだろうかを理解せねばならぬと彼は考えたのですね。そこから道元にたどりついたのです。父が在籍した頃には、正法眼蔵を定期的に教室員に対して講義していました。教室員の方もすっかり先生の風になびき、眼蔵を勉強する以外にも、普化尺八を皆で習いに出かけたりしていたそうで、わが家にも尺八が三本もありました。

理科系の大家でさらに生きるとは何か、どう生きるのが善いことなのかをも語れる人は、いつの時代にも多くはないでしょう。このような人をまわりが放っておくはずがありませんでした。橋田は一高の校長、さらには戦時下の文部大臣を歴任します。

橋田邦彦をどう評価するかは難しいところです。戦争加担者なんだから、たとえプラスの部分があったとしても、それは語るべきではないというのが戦後の強い風潮で、父をはじめ弟子の面々は、師の思い出を気がねしながら小声で、内輪だけで語りあうということだったようです。

戦後五十年以上を経ました。やっと橋田の良い面も悪い面も、客観的に評価できる時になったと思います。普通、自然科学者は、自分の専門のことだけに視野が限定されているものです。他の分野は考えることも、ましてや、やることなどまったくいたしません。現在では、ますますその傾向が強まっています。科学者のみならず、科学そのものがそういう傾向です。だから、科学によって見いだされる事実そのものは、私達の人生や世界観とは直接何の関係もないものばかりです。便利な機械がつくれるとか、病気がなおるとか、という科学を応用した御利益だけがわれわれ一般人と科学の接点であって、これは物質を介しての間接的な関わりでしかないわけです。科学は人が生きることと、直接どう関わりをもつものなのか、科学者として科学を勉強していることが、自分が生きることにどんな意味があるのかを、科学者はまじめに考えようとはしないのです。

ところが橋田邦彦は、そこをきちんとやったのですね。そしてそれを社会に広く伝えようとしました。これが本当の科学教育というものでしょう。科学は自然の見方、すなわち一つの世界観ですから、科学者は、自分がどういう世界観をつくっていこうとしているのかを考え、それを教える必要があるのです。

橋田は生命とは何かを考えるうちに、道元にたどりついたのですが、ここにはやはり、日本人として科学を行うことにどんな意味があるかという、明治に育った科学者の、たぶん共通してもつ問題意識であり悩みがあったのではないかと私は想像しています。これは、現代でも解決されていない、大きな問題です。科学は西洋が生み出したものであり、西洋の世界観、とくにキリスト教の影響を強く受けたものです。真理は一つで普遍的なものである、自然は理性的である、などとする科学の真理観・自然観は、まさに一神教であるキリスト教の考え方そのものです。自然は人間が管理するものであるとしたり（科学における実験は自然の管理の一例）、自然を自分がその中にいるものとしてはとらえずに外から、あたかも神が見下ろすように眺めるという姿勢も、キリスト教的です。科学とは世俗化したキリスト教と呼んでさしつかえない面を強くもっているものなのです。

キリスト教的な世界観・自然観だけが真理の見方・自然の見方ではないはずですが、なにせ一神教。一つの見方のみを真理だと強く主張します。そこに違和感をもち、橋田は道元に日本的自然観の、そして日本の科学の依って立つ基礎を見いだしたのだろうと想像できます。今の科学・技術が抱えている大きな問題（たとえば環境問題、物質一辺倒の考え方など）は、ユダヤ・キリスト教の思考パターンだけを正しいとすることに由来する部分がかなり大きいと私は考えており、科学の毒を中和するには、禅のような、キリスト教的思考パターンとは全く違った考えも有効なように思われるのです。私は何も民族主義の旗をうち振るべきだとは思っていませんが、橋田の問題意識は、現在の私たちが受け止めて熟慮する価値のあるものでしょう。ただしあの時期、橋田の言動は反英米の時代潮に適いすぎてしまいました。

いくら時流に乗ったからと言って、なにも文部大臣までしなくたって、というのが、大方の感想でしょう。そもそも学者というものは考えることが好きな人種で、だからあれこれ考えて言う人が出てきてもおかしくはないのですが、いくら考えたって実際の行動などおこさないのが学者です。ところが橋田は違います。行動の人でした。

ここが生理学者橋田邦彦の面目だと私は思っています。生理学は実際に動き働く機構を研究するものです。だから生理学者は現実に働いているものこそが生命だという、動的な生命観をもちやすいのですね。同じ生命科学でも、形態学者なら変わらぬ形が生命だと思うし、遺伝学者なら不変の設計図こそが生命の本質だと思うことでしょう。形態学も遺伝学も、静的な生命観になりやすいものです。遺伝学者は、生命の設計図であるＤＮＡが生命の本質であり、生身の体は遺伝子の乗物にすぎないと言います。つまり家の設計図と実際の家とでは、設計図の方が大切だと言うのですね。でも、現実にその中で生きている私たちにとっては、家が大切なのであって、設計図など、どうでもよいものです。設計図はすりきれませんが、現実の家は時がたてば壊れてしまう。だから設計図の方が本質的だとし、永遠不滅のものに重点を置くのが形態学・遺伝学ですが、一方、現実に生きている私という点に重きを置くのが生理学だと言えるでしょう。

永遠とは時間がない（止まっている）わけで、静的なものには時間がありません。一方、動的なものでは時間が流れています。時間の中で、今という時間を生き切るのが生命だ、とする道元の考えに橋田が強く惹かれたのは、彼が生理学者だったことが大いに関係していると思われます。橋田が道元に出会ったのは、大学の廊下。隅に積んであった古い本をなにげなくとり上げたのが正法眼蔵の写本でした。ぱらぱらとページをめくったところ、求め続けていたことが書いてあるではないか！　と、彼は目をひらかれるわけです。それは「現成公案」巻でした。この巻こそ、時間の中で生きるという道元の生命論が展開されている、眼蔵中の白眉の巻だったのです。

生きるということは働くこと、行動することです。そう生理学的にも人生としても理解したからこそ、学者の道から一歩踏み出し、橋田は一高校長や文部大臣まで引き受け、さらに果敢に自ら命を絶つという行動につながっていったのでしょう。世間では、橋田邦彦っていうのは、生理学者という本業をほったらかしにして余計なことばかりやっていた変人、というのが大方の見方かもしれませんが、彼は徹頭徹尾、真剣な真の生理学者だったのだと私は理解しています。また、橋田を行動へと駆り立てたものには、西洋正統の科学が自然を外から眺める、生命を外から眺める、といういわば傍観者として接する態度があり、ここに橋田が物足りなさを感じていたことがあったのかもしれません。

科学としての生理学と道元、そして社会的な行動という三者は、それほど容易につながりが理解できるものではないと思います。特に道元に関しては、眼蔵そのものもそうですし、橋田の残した文章を読んでも、何が言いたいのかさっぱり分からないというのが、大方の感想でしょう。

その辺りのつながりを最もよく理解しておられたのが杉先生でした。だからこそ橋田は、他の弟子たちは生理学畑のみの仕事に留めおいたのに対して、杉先生には他の面の仕事をも手伝わせたのだと想像します。杉先生は橋田の鞄持ちとして中国を回ったりもしておられます。この親密な師弟関係が裏目に出ました。敗戦により橋田邦彦は自決。杉先生も公職追放の目に遭われます。

そのまま行けば当然、帝大医学部生理学教授だったところに、突然、師を失い、職を失い、国は滅びる。杉先生にとって大きな試練の時になりました。自分の専門である生理学を続けられない状況になれば、並の人間ならくじけてしまうところでしょう。しかし橋田邦彦ゆずりの広い視野と興味と行動力をもつ杉先生のこと。雌伏の期間を経て、東京教育大の体育（健康教育学）の講座の教授として返り咲かれます。

これは今から振り返って見れば、まさに絶妙のポジションだったのですね。橋田ゆずりの科学する心を教えるのは、教育大が最適でしょう。生命とは動くものだという動的生命観は、体を動かす体育において、最も生きてくる生命観です。杉先生はセリエのストレス学説をいち早く日本に紹介されたのですが、ストレスこそ、体の生理と心とが接点をもつ分野。生理学と宗教とを一枚のものとしてとらえる橋田ゆずりの広い生理学をこういう形で発展させられたのは、医学部という既成の枠にとらわれない教育大だったからこそできたのだと言えるのではないでしょうか。

杉先生は健筆で、健康や禅に関する文章も多く、著作集が出版されています。世間に対してまめに行動なさるところは師ゆずりでして、橋田邦彦の正法眼蔵に関する文を編集し、「正法眼蔵の側面観」として出版なさいました（編集という作業は、まめでなければできません）。

今年（二〇〇二年）は奇しくも道元禅師が遷化されて七五〇年、大遠忌にあたります。いろいろと記念の行事が計画されていますが、その一環として「道元フォーラム」が組織されました。曹同禅にそれなりに縁や理解のある「文化人」がこのメンバーになっており、一般向けの講演会などをやっているのですが、どういうわけか私にも永平寺さんからお声がかかり、メンバーに入れていただいております。

そんな関係で、曹洞宗のお坊様方と話しをする機会がけっこうあるのですが、「父が橋田邦彦の弟子で」と言いますと、皆さん橋田の名を知っておられるのですね。さらに、「そのお弟子さんに杉靖三郎という方がおられて」と言うと、やはり皆さん、ご存知なのです。

自然科学畑では、いくらいい仕事をしても、よほどのことがないかぎり五十年もたてば忘れ去られてしまいます。科学はどんどん新しくなってしまう。ある意味では消耗品なのですね。それに対してよい宗教は古びず、いつも時代と共に生き続けます。橋田の著作「正法眼蔵の側面観」は今でも新本で手に入ります。「正法眼蔵釈意」(東大生理学教室での講義録)も然り。一方、岩波全書の「生理学」など、全書というジャンルそのものがなくなってしまいました。

不易流行と言います。橋田は不易の部分だけで悟りすますことはせず、不易と流行、両方を行った偉人でした。橋田には綺羅星のごとく弟子がいたわけですが、橋田の両面を受け継いだのは杉先生一人。私の父をはじめ、あとは皆、普通の研究者としての面を受け継いだわけです。父の亡くなる半年ほど前、杉晴夫先生が東大生理学教室で父にばったりあわれたのだそうです。そのとき、こんな会話がかわされたと晴夫先生からうかがいました。晴夫先生が「生理学者として大きな業績をあげ、学長も務め、本川は人生の目的を達したな…と靖三郎が申しておりました」と言われると、「いやあ、あなたのお父さんこそ、本当に大切な仕事をされたのですよ」と父は申したそうです。

杉先生の仕事が大切なものだとの父の言は、いつわりのないものだと思います。定年になったら文章を書くと父は申しておりましたので、杉先生のお仕事を、うらやましいなと思っていたのは確かです。もうあの時期には、父は死をかなり確実に予感していただろうと想像するのですが、そのような時、自分の死後、学問上の業績がどれだけ引用され、結構たくさん書いた専門書・教科書のたぐいで死後にも出版され続けるものが何かあるだろうかと思いめぐらすと、直接残るものはたぶんないだろうということになりますから、それに引きかえ杉君の仕事は・・・と言うおもいにかられても、不思議はないところです。

（再び遺影に向かう）

杉先生や、先生の恩師である橋田先生について語って参りました。大分以前に少々読んだ両先生の著作を、ぼんやりと思い出しながら想像をたくましくして述べたものであり、間違いも多はずです。両先生には失礼なことも多々あったのではないかと恐れています。

私の解釈は間違っている可能性が大いにあるのですが、私自身は、両先生をこのような方だと昔からイメージしてきました。そしてそのイメージが私に強い影響を与えて来たのは、まぎれもない事実です。

私は、動物生理学の実験を行いながら、生物学をもとに人生や世界というものを考える文章を書くことを行って来ました。これは、科学者があまり重視しない作業だけれど、とても重要なもの、だれかがやらねばならぬものだと信じているからです。そしてこういうことを大切にして私が行動しているのも、橋田先生から杉先生へと伝わった血が、私にも、流れているからだと思っているからなのです。道元フォーラムにおいて私の行った講演は、生物の時間論を発展させ、眼蔵の時間論と結びつけて解釈するというものでした。これなど、橋田・杉の正嫡だろうと、密かに誇りに感じておるところです。

晴夫先生も、昨年だったでしょうか、とても面白い教科書を出版されました。さらに新書執筆のご予定がおありだそうです。橋田先生から杉先生が引き継がれたものは、私達の世代が、しっかり引き継ぐ所存でございます。どうぞ安心して安らかにお休みください。

（合掌）

（東京工業大学教授、動物生理学）

杉先生の研究についての思い出

平本　幸男

このたび杉晴夫さんより杉靖三郎先生の追悼文の御依頼をいただきました。私は杉靖三郎先生のお仕事についてはたいへん興味を持っていましたが、直接にお会いしたのは先生がシビレエイの仕事で三崎においでになった時一～二回のことで、しかも折り入ってお話をする機会もありませんでしたので追悼文を書くことは遠慮させていただくと申し上げました。しかし晴夫さんに電話で「私の恩師で動物生理学者であった故鎌田武雄東大教授がなぜ筋肉の膜電位の仕事をなさらなかったのか」という話をいたしましたので、誤解がないようにそのことについて述べさせていただきます。

※鎌田先生は一九三四年にゾウリムシの膜電位の仕事をJournal of Experimental Biologyに発表して以来、メダカ卵の膜電位、ウニ卵の膜電位などの仕事があり、骨格筋線維については一九四三年、Jap. J. Zoolに発表された筋繊維の中にCa^{2+}をinjectすると収縮が起こるという仕事があります。したがって鎌田先生が次は筋肉の膜電位の仕事をなさるだろうと考えても不思議ではありません。

私は一九四五年に東大理学部動物学科に入学しましたが、戦時中のことでもあり、実験などは全くできませんでした。講義はあり、中でも鎌田先生の講義はたいへんすばらしいものでした。先生は翌一九四六年の秋に亡くなられました。私は一九四七年の四月に動物生理学の研究室に入り、卒業研究をすることになりました。与えられたテーマは鎌田・木下の上記の一九四三年の論文で、少しやりかけられていた「単一筋繊維の収縮波の伝導」に関するものでした。この仕事は実験としては一九四九年春に終り（一九五〇年、一九五一年、一九五四年に論文発表）一九四九年春から収縮中の筋肉を引っぱる仕事（のちに英国の Huxley & Simons がやったような仕事）に移りました。この仕事はある程度成果が出ましたが、翌一九五〇年春からは特別研究生の身分のまま三崎の臨海実験所に行き、海産動物の神経や筋肉の仕事をしながら所長の冨山一郎先生を助けて助手の仕事をすることになって、筋繊維を引っぱる仕事は論文発表するに至りませんでした。

一九四七年頃からは、それまで中断されていた外国からの論文を読むことができるようになりました。はじめは米国からのものが主でしたが、そのうちにヨーロッパのものも入って来ました。筋肉の関係で私が最初に読んだのは Ling & Gerard (1946) の筋肉の膜電位測定の論文、つづいて Ling の同様な論文が二、三発表されました。これらを読んだ時、私は鎌田先生が一九四三年の仕事のあと膜電位の仕事をやっておられれば彼らに先んじることができたろうにと思いました。

一九五〇年になると Nastuk & Hodgkin の筋肉の活動電位の論文、一九五一年には Fatt & Katz の筋肉の終板電位の論文が出ました。Nastuk & Hodgkin のものは Journal of Cellular and Comparative Physiology、後の Journal of Cellular Physiology に発表されたものですが、たまたま団勝磨先生（後に東京都立大学教授、生物学）がこの雑誌を個人で購読しておられたので、三崎に居た私はたいへん早くこの論文を読むことができました。Ling や Gerard の論文を見た時には、この程度の仕事なら私にもできそうだと思っていましたが、Hodgkin や Katz の仕事が出るともう私どもが出る幕ではないと思いました。

一九五二年、私ははじめて動物学会大会で発表するため、仙台に行きました。私が泊まった宿屋（旅館などとはいえないような粗末なところで一室に何人もいっしょに泊まるようなところでした）でたまたま同室に故高木貞敬先生（当時、群馬大学教授、生理学）がお泊まりになりました。高木先生は私の単一筋繊維の論文を御存知だったようで、なれなれしく私に「鎌田先生はたいへんすぐれた生理学者だったが、筋肉の膜電位の研究を中断されたのは杉靖三郎という悪い奴がいて、microelectrode を使って測った電位は膜電位でなく損傷電位であると言ったためである」とおっしゃいました。「悪い奴」という言葉は杉先生に対する親しみを込めた愛称で、悪口ではなく、杉先生が鎌田先生に弁明のたいへん難しいクレームをつけられたことを指していたのでしょう。

杉先生の損傷電位に関するお仕事は橋田邦彦先生の教科書にも図入りで説明してあり、たいへんエレガントなお仕事でしたから、鎌田先生は杉先生と論争するのはしんどいことと考えて別の仕事に移ってしまわれたのかもしれません。当時としてはどちらが正しいと主張する決定的な実験事実がなかったのでしょう。

橋田先生は私にとっては雲の上のかたで、しかも私が大学に入った年の十二月にお亡くなりになったために直接お目にかかったことはありませんが、私が英文ではじめて出した収縮波の伝導の論文には橋田先生の一九二九年の仕事が引用されています。当時としてはたいへん斬新な単一筋繊維の微小電極を使った刺激実験で、収縮が「全か無か」ではなく刺激が非常に小さい場合には収縮が局所的になってしまうというものでした。私も分離した単一筋繊維で同じような結果を得ておりましたので、もしも橋田先生が御存命だったらまっ先に論文別刷を差し上げたのにと思いました。どういう事情だったか知りませんが、橋田先生のその仕事は講演要旨として Jap. J. Med. Sci. Biophysics に出ているだけで本論文は出なかったようです。

以上杉先生が亡くなられて思い出した私の五十年以上昔の思い出を書きました。

※鎌田武雄（一九〇一―一九四六）。東京大学理学部教授。一九三一―一九三三年英国の Gray, Hill, Peterfi らの研究室で生理学を学び帰国後多くの先駆的研究を行った。

（東京工業大学名誉教授、動物生理学）

私の命の恩人、杉靖三郎先生
（告別式の日に寄せられた手紙）

山田満喜子

　御尊父、杉靖三郎先生は、私の命の恩人でいらっしゃいます。先生とは不思議な御縁で半世紀も前の戦後、三回程お目にかからせて頂きました。昭和二十三、四年頃、私は十七、八才で、重い腸結核で病床に伏して居りました。文京区に父親と姉妹と共に住んでいて現在も姉夫婦が居住しております。まだ戦後の混乱期であったあの頃は結核の特効薬はなく、私の病状は悪化するばかりでした。当時、東京大学にいらっしゃった杉先生のご高名をご近所の方に伺い、藁をも掴む思いで父と姉（母はすでに亡くなっていました）は先生にお願いに上がったと存じます。杉先生は当方から五軒はなれた藤本様宅に戦災に遭われたため仮住いをなさっていらっしゃいました。杉先生は私共をすぐ見舞って下さり、その時、「私は臨床は専門ではありませんが新しい知識は持っているつもりです。」と力強くおっしゃって下さいました。そして、ストレプトマイシンという薬がアメリカのラトガース大学のワックスマン博士によって発見され、すでに新薬として実現化されたことを教えて下さいました。杉先生は当時のアメリカの大学関係医薬、学術論文に精通しておいででした。日本ではほとんどまだ名前も存在も知られていなかったストレプトマイシンを教えて下さったのです。

末期状態の私の命を救うには入手可能であればストレプトマイシン以外には方法がないとおっしゃっていました。父は早速、サンフランシスコに住むアメリカ人の親友にこの旨を伝えましたところ、その方はすぐに航空便で送って下さりその最初の四本が私の命を救ってくれました。杉先生はその時点で実際の治療をお知り合いの近藤宏二先生に託して下さいました。それ以後は近藤先生に診ていただくことになり、杉先生とは三回だけお会いしただけでございました。このようにして私は杉先生をはじめこの方々のお蔭で命を救われ、やがて七十二才を迎えようとしております。あの時、杉先生がストレプトマイシンの名前を教えて下さらなかったら私の現在はありません。

すでに亡くなりました父も、先生の訃報を私に伝えてくれました姉も、私共々、杉先生は私の命の恩人と深く胸に刻み、その御恩を忘れたことはございません。杉靖三郎先生、本当に有難うございました。御冥福を心からお祈り申し上げます。

（埼玉県上福岡在住）

父の生涯の回想

杉　晴夫

私は父が東大や文部省で活躍しておりました時から、公職追放による失意の時期を経て再び活動を回復するまでの長い期間を家族として一緒に過ごし、また父と同じ東大生理学教室に勤務いたしました。以下に私から見た父の生涯を回想したいと思います。

＊　＊

1　生い立ちから東大医学部入学まで

父は渡辺元吉、時子の三男として大阪府堺に生まれました（長兄は渡辺紳一郎）。四才の時、母の実家杉家の養子となって韓国（当時朝鮮）の密陽で養父母と過ごすことになり、十四才の時養父母が死去したため杉姓を継ぎ、日本へ戻りました。密陽は釜山の近くの小さな町です。父はここがなつかしく、また訪れたいと思っておりましたが果たせませんでした。日本に戻った後、渡辺元吉の友人、杉浦重剛が創設した日本学園中学校（東京）と、第二高等学校（仙台）を経て、難関の東京大学（当時東京帝国大学）医学部に入学しました。父はいわゆる秀才で、小学校は五年生で中学校に、中学校は四年生で高等学校に進学しました。写真は幼年時代に密陽で撮られたものです。

私の父、杉靖三郎は時子と元吉の三男として生まれ、上記の写真に見られるように、靖三郎の子供のころ、韓国で商売を営む杉家に養子に出された。しかし養父母はほとんど同時に病死し、杉という姓だけを背負って渡辺家にもどってきた。

兄弟のうち、才二郎、敬四郎はいずれも秀才であった。いずれも若くして病死した。

蜜陽風景

左、馬上にて（明治43年6月）
下右上、川辺の様子
下左下、牛取引の様子
下右下、市場の様子
下、嶺南楼と親戚の女性

2　東大医学部入学から物療内科入局まで

大正十四年に父と共に東大医学部に入学したクラスは、東大教授を多く出したことで有名です（清水―外科、秋元―精神科、島薗―生化学、熊谷―薬理学、三木―整形外科）。このクラスの人達はたいへん仲が良く、「大正十四年会」として毎年家族同伴の旅行を行い、これは父の晩年まで続いておりました。

東大医学部生理学教室にて

父は医学部卒業後、まず当時先端的な「物理療法」を行っていた、真鍋嘉一郎教授の物療内科に入局しました。真鍋教授は野口英世と親交を結び、野口氏の日本への帰国に際して、日本の医学界を代表する人々が彼を礼儀をもって迎えるよう奔走したことがよく知られています。父が臨床の仕事に疑問を持ち、一転して橋田先生の研究室で学究生活をめざすに至る経緯は本書の「橋田先生の行学」に詳しく記されています。

東大医学部学生時代

3　生理学教室での研究

橋田先生の研究室で父が専攻した電気生理学は、外界の変化に対する生体の反応のしくみを研究対象とするもので、当時のもっとも先端的な学問でした。父のこの分野での代表的な研究としては、筋肉における損傷電位の研究と、神経・筋肉の活動電位を記録する「隔絶箱」の考案が挙げられます。損傷電位の研究で父は医学博士の学位を取得しました。橋田先生はこれを高く評価され、御自身の教科書「生理学要綱」中に論文原図とともに引用されています。

父の損傷電位の測定による生体電気発生機構の研究は、当時我が国と欧米諸国との交流が限られていたにもかかわらず、世界的に見て第一線の研究でありました。皮肉なことに、父が東大を離れて数年後、英国のホジキンとハクスレーがこの問題に解決を与えました。これ以後、我が国のこの分野の研究はひたすら彼らの説に追従する「植民地的」なものとなりました。今となっては、父が東大にいたら彼らの研究にどのように対応したかわかりませんが、恐らく他の実り多い分野に研究対象を移し、真に独創的な研究を続けたと思います。私は後年、ハクスレー氏と親交を結ぶことになりました。ある時彼に父の損傷電位の論文別刷を進呈したところ、彼は父の精密周到な電位測定に感銘しておりました。

一方、父の考案になる「隔絶箱」は、神経や筋肉を絶縁性の高い隔壁で区分し、この隔壁の両側から活動電位を記録する独創的な方法です。これは現在でも世界各国で「セパレーション・チェン

筆者とハクスレー（1990年５月、ケンブリッジ）

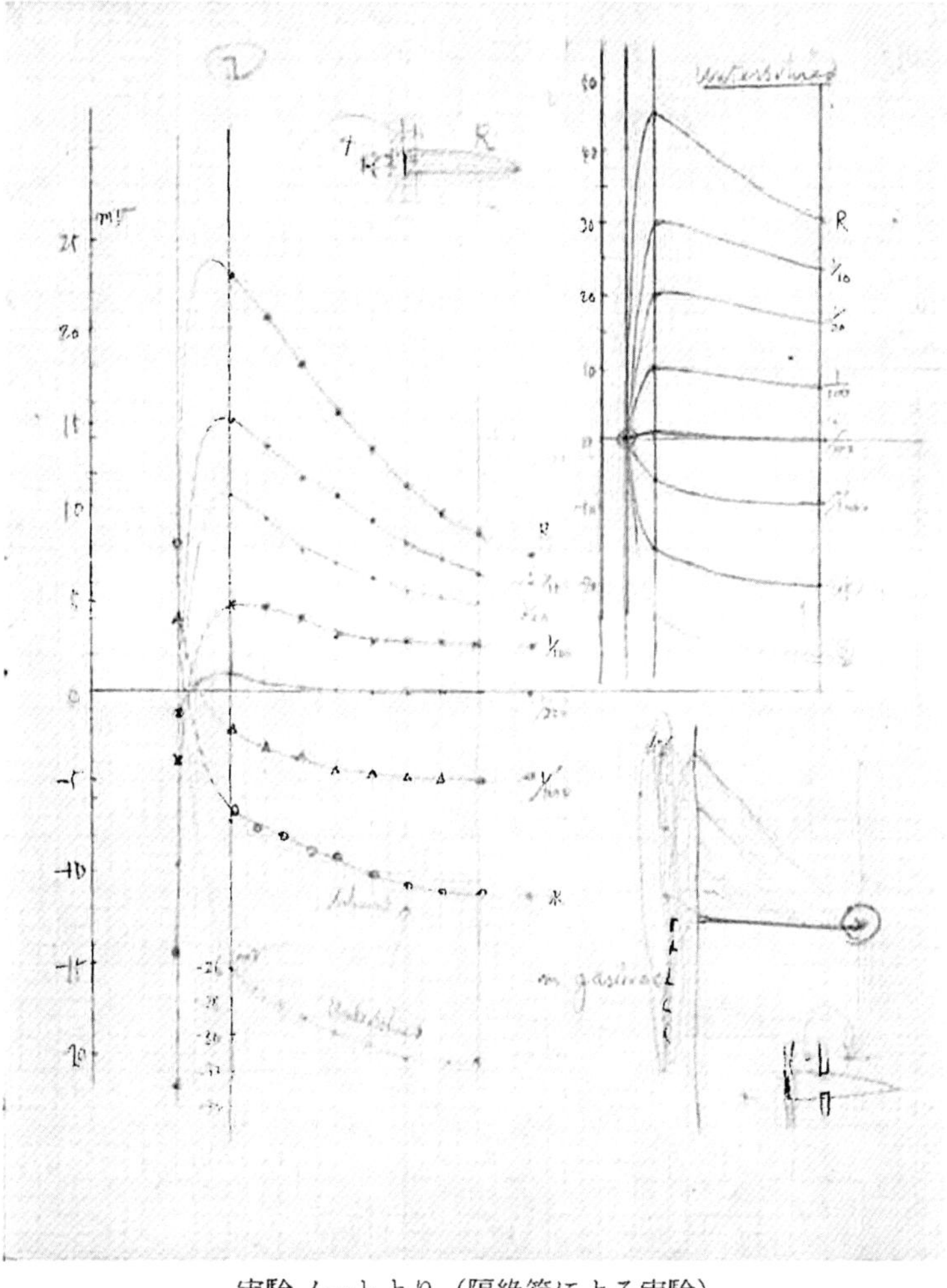

実験ノートより（隔絶箱による実験）

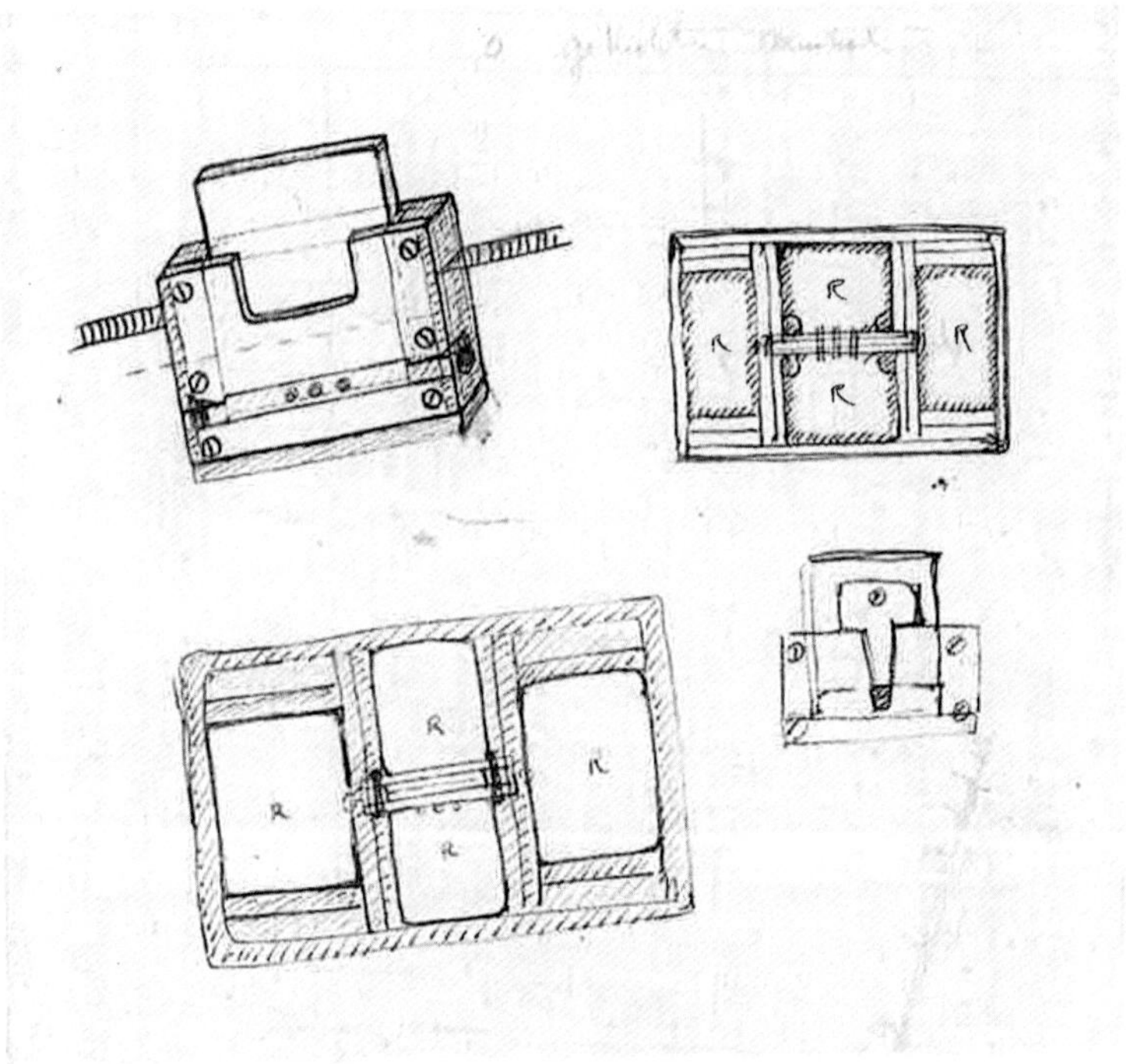

実験ノートより（隔絶箱の設計）

バー」としてさかんに使用されています。

なお、この時期に父は研究室にばかり閉じこもっていたのではなく、優れた同年輩の生理学者とも親しく交際し、たがいに家を訪問し一緒に鍋をつつきながら議論をしていました。このメンバーには後年大きな仕事をした田崎一二、富田恒雄（慶応大）、本川弘一（東北大）や西丸和義（慈恵医大）等の方々がおります。この人達はまた、互いに助け合っておりました。例えば田崎さんの論文の出版を父が援助したり、西丸さんが慈恵医科大での研究が難しくなった時、父や田崎さんらは連名で同大学に西丸さんのため申し入れを行ったりしています。

また父は、学会で他の人の発表を鋭く批判し、やり込めることで有名でした。私が学会に出るようになってから、「あなたのお父様にはひどい目にあいましたよ。」という思い出を大家の先生方からよく聞かされました。今はこれらの方々はすべて故人となっておられます。

4　橋田先生との心の交流

橋田先生は父以外にも多くのすぐれた研究者を育成されました。しかし現在から見て、橋田先生の「科学哲学」の考えに共感し、深く理解したのは父だけであったと思います。私の祖父渡辺元吉は漢学者であり、父も年少時から漢籍に親しんでおりました。ある時橋田先生は父の机上の漢籍を御覧になり、御自身が書き込みをされた同じ著物を父にお渡しになりました。これが契機となり、父と橋田先生の学問と思想の両面での世にも稀な固い結びつきが生まれました。

この時代の父のおびただしい実験ノートには、すべて橋田先生あるいは道元の言葉が記されており、常にこれらの言葉を念頭におきながら研究していたことがわかります。父の多くの魅力的な随筆はこの研究の余暇に書かれており、羨ましい精神的充実ぶりです。当時私は小学生でしたが、父の本が出るたびに心を躍らせて読んだものです。

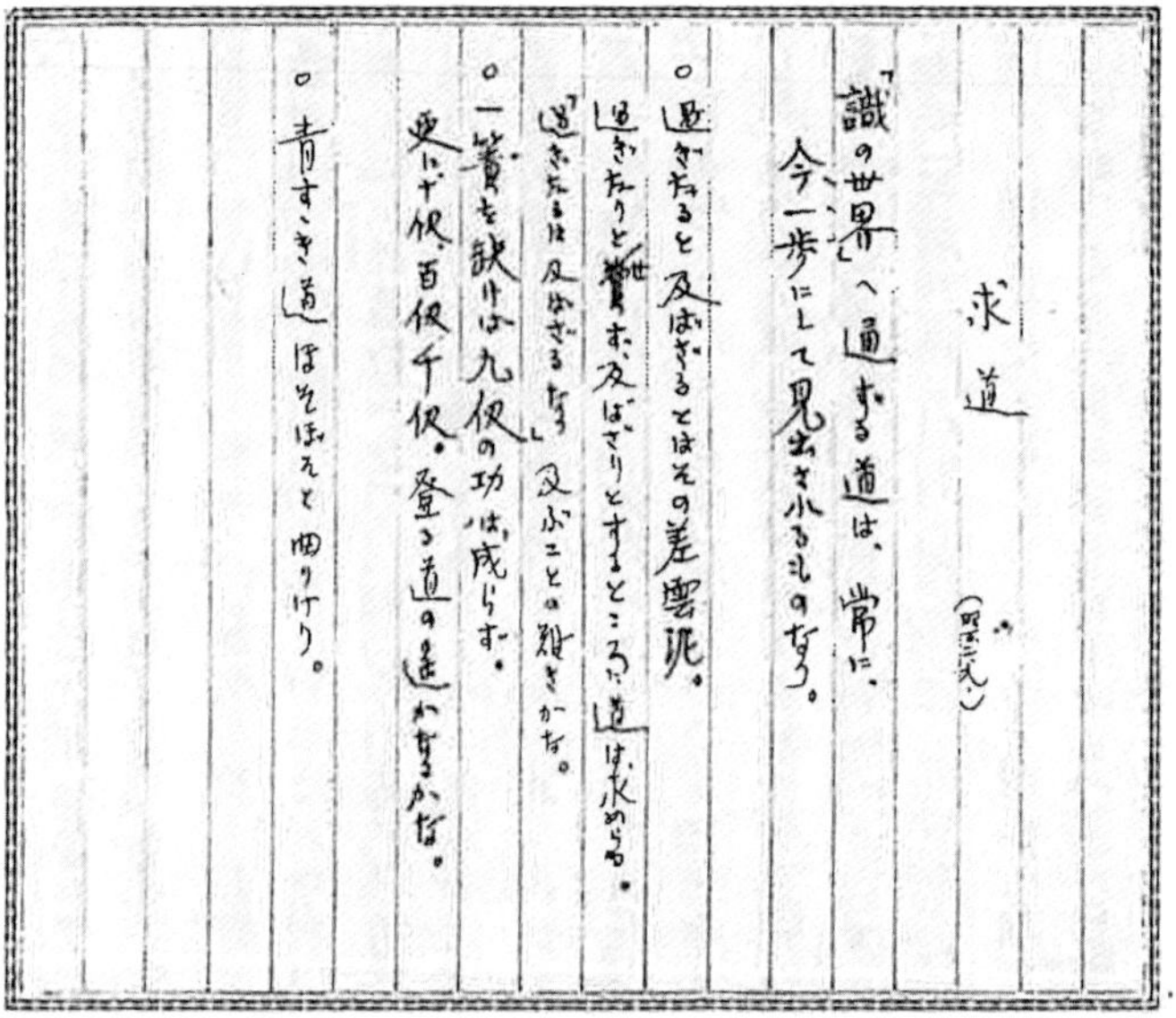

求道
（昭三九．）

「識の世界」へ通ずる道は、常に、
今一歩にして見出されるものなり。

○過ぎたると及ばざるとはその差雲泥。
過ぎたりと歎き、及ばざりとするところに道は求めらる。
「過ぎたるは及ばざるなり」 及ぶことの難きかな。

○一簣を缺けば九仞の功は成らず。
更に十仞、百仞千仞。登る道の遠きかな。

○青すぎ道はほそぼそと曲りけり。

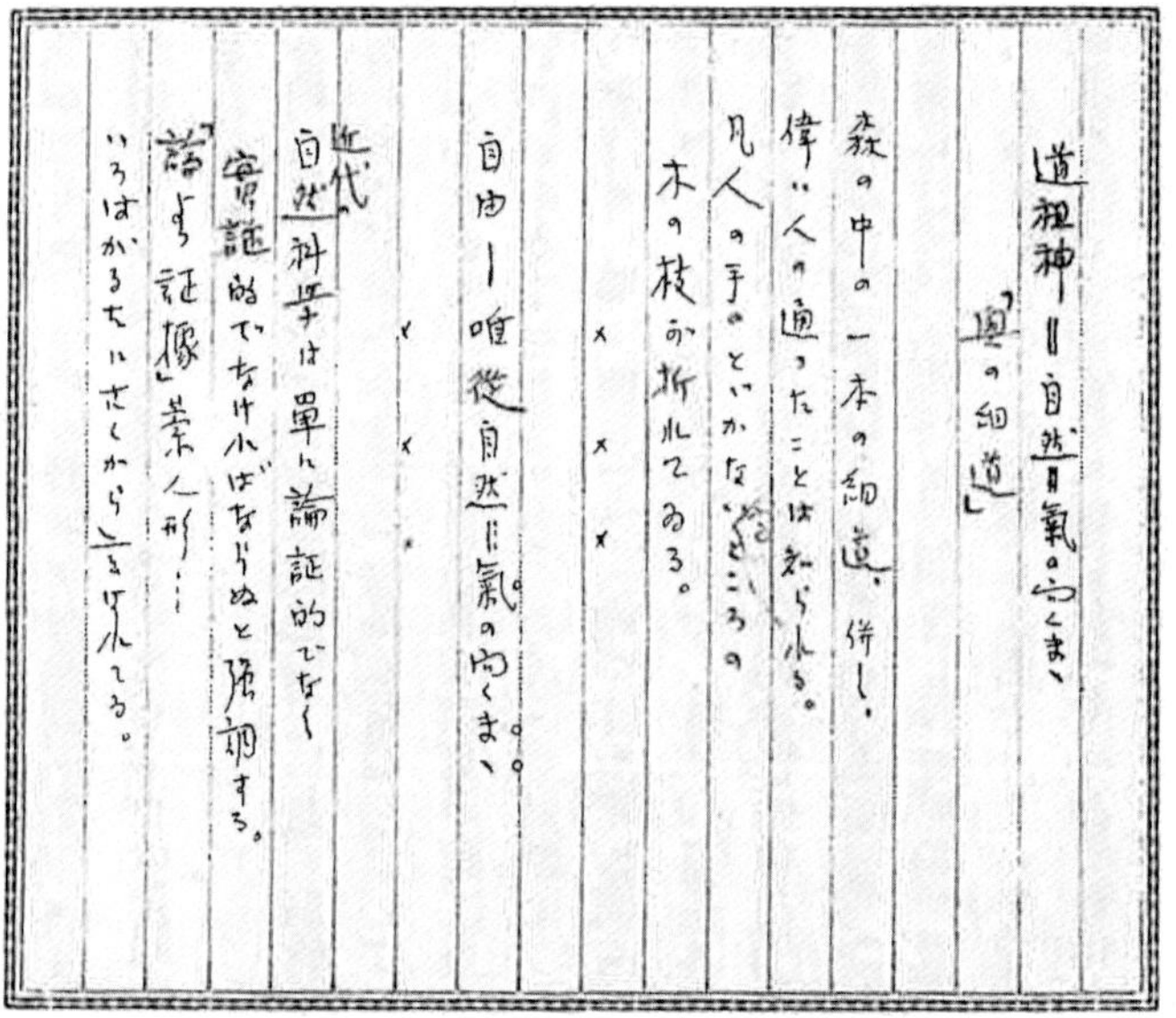

道祖神 ‖ 自然 ‖ 氣のむくまゝ、
「奥の細道」

森の中の一本の細道、併し、
偉い人の通ったことは知られる。
凡人の手のとゞかないところの
木の枝が折れてゐる。

× × ×

自由 ― 唯従自然 ‖ 氣のむくまゝ。

× × ×

近代自然科学は単に論証的でなく
実証的でなければならぬと強調する。
「論より証拠」素人形…
いろはかるたにさへかゝれてゐる。

実験ノート巻頭に記入された随想

このころ、父はまだ小学校進学前の私をよく研究室に連れて来て実験を見学させました。後に私はこの研究室で仕事をし、ここからコロンビア大学に留学することになりました。私は当時、父が毛管電位計（水銀柱の上下による電位の測定に当時用いられた）を熱心に覗いているのを見て、一体どんな面白いものが見えるのかと覗き込んで見ましたが、水銀柱の先端が見えるだけでした。

5　戦時中の言論活動

橋田先生は、父を先生の科学哲学の無二の理解者として、しばしば御自身の代理として講演を依頼されました。また父の同僚は次々と橋田先生の御推薦により他大学の教授として転出して行きました。しかし先生は父を手元から離そうとされませんでした。このことは結局戦後父が公職追放により東大を離れるという結果につながりました。

橋田先生に比べますと、難解な考えを相手のレベルに合わせて「わかりやすく話し、著述する」能力は父が格段にすぐれておりました。東大での橋田先生の講義は難解で出席者が少なく、父がある時、「もっとわかり易く話されたら」と申し上げても、「東大生を相手に講義の程度は下げられない」と改めようとされませんでした。同じことが第一高等学校長として一高生全員になさった倫理学の講義でも当てはまり、彼らには難解で全く理解できませんでした。

橋田先生とは対照的に、父は相手によって話し方を即座に変えることが自由自在でした。このため父がしばしば橋田先生に代わって先生の科学哲学の普及に活動することになりました。

6　父の言論活動の評価

父の戦時中の著作や講演に見られる考えは、決して単なる「橋田哲学」の代弁ではありません。父の人格を通して「杉哲学」となっておりました。

父の戦時中の言論活動は、歴史的に見て戦時中の挙国一致の体制下の「翼賛運動」の一つとされています。この活動の客観的評価の一つとして、我が国の代表的な評論家、鶴見俊輔氏の著書、「転向研究」(筑摩書房、昭和五四年刊)中の父の活動を論議した部分を要約して引用します。この著書のはじめに鶴見氏は「転向」という言葉が一般に与える悪印象から、この問題を正面きって「学問的」にとりあげる者はこれまでいなかったが、「転向」は例えば子供が成長するさいの考え方の変化として誰でも経験することで、人間の本性に関わる重要な研究対象でありうる、としています。なお、章の見出しと文中の(　)内は鶴見氏の原著そのままです。

＊　　＊

翼賛運動の学問論―杉靖三郎・清水幾太郎・大熊信行

大戦中の日本的世界観を確立するための理論活動の代表的なものを、杉靖三郎の科学論について見よう。

杉靖三郎は、一九〇六年（明治三十九年）に大阪府堺市に生まれ、一九二九年（昭和四年）東京帝国大学医学部を卒業、橋田邦彦教授の下に生理学を研究。東大副手、東大助手、東大講師を経て、一九五二年（昭和二十七年）東京教育大学教授となった。一九四〇年「筋損傷電位の電源の座に関する研究」によって、医学博士となった。橋田邦彦教授の影響で、道元の研究に入り、さらに道元とのつながりにおいて、米国のプラグマティスト、G・H・ミード、P・W・ブリッジマン、科学的人間主義者G・サートン、論理実証主義者R・カルナップらの科学論に目をむけた。これらの教養は、橋田邦彦が文部大臣となってとなえた「日本的科学」の方向に再編されて、独自の日本的科学論を生むこととなる。一九四一年には国民文化研究所員となり、一九四三年には言論報国会評議員となって、戦時の論壇を指導した。戦後は、フランスのセリエ博士のストレス学説を日本に紹介し、また現在は週刊雑誌、婦人雑誌の連載記事により広く知られている。

杉の科学論の特徴はその行動主義的性格にある。橋田文部大臣の唱導により、「科学」→「科学する」のように名詞を動詞化する方向がとられたが、杉の科学論はこの方向での理論的展開である。科学は単に客観的なものでなく、これを作り出す人のはたらき（主体の行動）として見なければならない。したがって科学は日本の伝統に根ざし日本に生まれたものとしてとらえられる。つまり科学には国境があるのだ（ここまでは少しもおかしくない）。

素人の科学論はきわめて的外れで、専門的科学者が自らの行動を自覚的にとらえることによってのみ実りある科学論が生まれる（これも当時としては立派な指摘である）。科学は最後に法則として煮詰まる前の手続きの総体にかかわっており、研究の過程で何が捨てられていったかの記憶と評価なしに、得られた結論についての真の把握にはならない。これをなしうるのは、「行としての科学」あるいは「科学者としての行」を身につけたものだけである。これが道元以来の学道の伝統である。

杉は恩師橋田の好んだ「唯従自然」という言葉をよく使用するが、杉のみでなく当時ならびに現在の多くの日本の自然科学者にとって、自然と人為とは区別して理解されない。国家の権力に従うのは、潮の干満に逆らえないから従うのと同じ事柄として理解されている。こうして「唯従自然」は国家の政策をすなおに受け入れるという態度につながっていく。

＊　＊

結論として鶴見氏は、杉の論旨は見事な着想を持ちながら、なかば無意識的に超国家主義につながっていったこと、ここにはきわめて優秀な頭脳が世界最新の学説を我がものとして取り入れつつ、自己の直面する状況に適応するための技術として用いるという態度があったことを指摘したのち、杉の科学論は格別時勢に便乗したものとは言い難く、戦中大多数の自然科学者が杉と同様な考えを持ち、戦後は杉と同様な転向を行ったと述べています。

またさらに鶴見氏は、戦時中に学問論を展開した代表として杉靖三郎（生理学、医学）、清水幾太郎（社会学）、和辻哲朗（倫理学）、大熊信行（政治経済学）等をあげ、彼らが市民各人の行動の記述を基礎とする記述的科学の道を開いたことは、戦前の科学専念主義を超える壮大な歴史的科学運動であったと評価しています。

竹山道雄氏（戦時中一高教授、戦後東大教授、私は彼にドイツ語を教わった）の戦争直後に書かれた名著「ビルマの竪琴」中では、一人称の主人公に、「戦後多くの人が、戦争中は黙っていて何もしなかったのに、自分が戦争に勝ったかのようにいばりかえっている…」と云わせています。この「戦時中のことはすべて悪」とする風潮は、驚いたことに現在も続いています。しかし、鶴見氏も評価する父の科学論の重要部分が忘却されてよいものではありません。特に現在あらゆる分野でモラルが崩壊し、研究の世界も同様であるのを考えると、この感を深くします。

7　橋田先生の御最後

橋田先生が一高校長になられた頃から、我が国は戦争への道を進んで行き、先生が文部大臣になられると大戦に突入しました。我が国の敗色が濃くなるとともに、当時の文科系の高等学校生、大学生は召集をうけて戦場に赴くことになり、多くの学徒兵はそのまま帰ることはありませんでした。橋田先生は文部大臣として、この学徒動員の政策に表立って反対されませんでしたが、内心断腸の思いであったにちがいありません。

先生が自決される際の御遺書には、戦没した学徒兵については記されておりません。しかし私は、戦後半世紀以上を経た現在から考えますと、先生は自決されることによって、戦後我が国を復興させることになる若い人々、とくに当時の高等学校生、大学生に、人の上に立つ者の責任の取り方を示されたと考えています。

戦時中、橋田先生のような地位にあった方が従容として自決したことは、これらの若い人々の心を打ったに違いなく、当時生き残ったこれらの人々が我が国の戦後の復興を成し遂げたことを考えると、橋田先生は自決により、教育者としての責務をも見事に果たされ、我が国の復興に貢献されたと言えます。

橋田先生は太平洋戦争開始後召集された東条内閣の閣議ではじめて開戦を知らされました。また、橋田先生が自決された後で、先生の奥様にたいし昭和天皇より「橋田は開戦も知らなかったのだから、早まったことをしないように」との御伝言があったとのことです。もちろん、橋田先生はそれでも自決されたことに疑いはありません。

もし橋田先生が戦後生き長らえられたら、先生の科学哲学はその光彩を失い、世の中の道徳的なけじめは崩れ去っていたのではないでしょうか。戦後六十年余り過ぎた現在ではとうに崩れ去っていますが。

8 戦後の活動

戦後、父は公職追放処分を受け、東大を去ることになりました。父の落胆ぶりは私にもよくわかりました。医学書院に勤めて雑誌の編集を始めましたが、当初、頁の組み方、図版の入れ方などに不馴れで若い社員に叱責されたと言っておりました。しかしこの時期に父は、生来の「万能ぶり」を発揮して、この分野の仕事に生き甲斐を見い出し、頭角をあらわして行きました。

昭和二十七年、公職追放解除とともに父は東京教育大学（現筑波大学）体育学部に教授として迎えられ、多くの人材を育成しました。また「相手のレベルに合わせてわかりやすい説明をする」という能力により、父はラジオ・テレビにしばしば出演し、多くの啓蒙書を執筆し続けることになりました。父は東京教育大学体育学部に於ける講義や研究指導でも同じように振るまい、多くのお弟子さんから敬慕されました。

市民大学講座にて、現代人のストレスと健康について講演

父の戦後の活動で特筆されるのは、カナダのハンス・セリエ博士がストレス学説を提唱すると、直ぐに彼の研究室を訪問して意気投合し、我が国でのストレス学説の普及に努めたことです。また父は、日本医師会の代表として世界医師会へしばしば参加し、フローレンスの会では禅と医学について講演を行いました。さらに欧米各国の大学、研究所を訪問するほか、コーカサスの長寿村を視察して健康長寿の秘訣の取材等を行っています。つまり父はあくまでも行動の人であり、単に文献から仕入れた知識を受け売りする多くの啓蒙家の類ではありませんでした。

父がテレビにいろいろな方と出演した際の写真を見ますと、どれも実にうれしそうな顔をしています。どんな社会でも同じでしょうが、研究者の社会で眞に才能に恵まれた者は極めて少数です。しかし、父は東大で研究していた頃、後年偉大な業績をあげた慶応大の田崎一二さん等、優れた同年輩の研究者と親しく付き合う機会に恵まれました。優れた人にとって、自分と同じレベルの友人をもつことは人生の至福です。

父がテレビで知り合った俳優、歌手、芸能人等もまた、実力の世界を生き抜いて来た優れた人々でした。活動する分野が異なっていても、父はこのような人々との会話を心から楽しんだにちがいありません。余談ですが、昔、三遊亭歌笑という一見軽薄そのものの芸能人がおりました。彼の交通事故による急死を報じた新聞記事に、彼がいつも「正法眼蔵」を愛読していたとあり、私は彼が外見とはちがって本当に真剣に生きた人だったことを知り胸をつかれました。

9　晩年

一方、私は父と同じく生理学者なので、父が東大での研究を中断せざるを得なかった無念の思いを折に触れて聞かされ胸が痛みました。戦前に橋田門下で父と並んで双璧と言われた本川弘一先生（東北大学名誉教授、元東北大学学長）は、研究の業績により数々の栄誉を受けられました。ある時父は私に、「本川は人生の目的を達したな」と申しました。たまたま数日後、私は東大生理学教室で本川先生とお会いし、父の言葉を伝えましたところ、本川先生は言下に「いや、杉君の方がある意味でずっと大きな

ロンドンにて（1967年 9 月）

ケルンにてスケッチ中

仕事をしたのですよ」と言われました。私はこの言葉を当時、父に対する「なぐさめ」としか感じませんでしたので、父には伝えませんでした。本川先生はまた「私の息子（本川達雄、現東京工業大学教授）が東大動物学科を卒業して生理学をやることになりましたので、よろしくお願いします」と言われました。

本川先生は私と会われてから数ヶ月後に逝去されました。本書中の本川達雄さんの追悼文によると、当時本川先生は本当に父の生き方がうらやましかったに違いないと記されています。

皆様御存知のように、父は高齢になりましても精力的に著作、講演、テレビへの出演を続け、晩年は毎日近所を散歩してスケッチをする外は自宅で静かに過ごしておりました。死去の二年程前から病院暮らしとなり、言葉も徐々に不自由になりました。しかし見舞いに行きますと私共を視線をそらさずに見つめ、喜んでいるのがわかりました。

平成十四年五月二十九日午後より臨終が迫り、親族一同が病室に集まりました。父はうすく目を開いて誰かに語りかけているように見えました。私は六十余年の時をへだてて、橋田先生が父のところにおいでになっているのだと感じておりました。父は今やあの世で橋田先生と、積もる話を楽しんでいることでしょう。

（帝京大学医学部教授・生理学）

スケッチ帖から

スケッチ帖から①

'82紫木蓮、'80自宅縁側、'77高田邸の犬、'69筑波山
（左上から時計回り、以下同様）

スケッチ帖から②

'69旅先のホテルにて、'77林檎、'84散策中に、'63ネコ

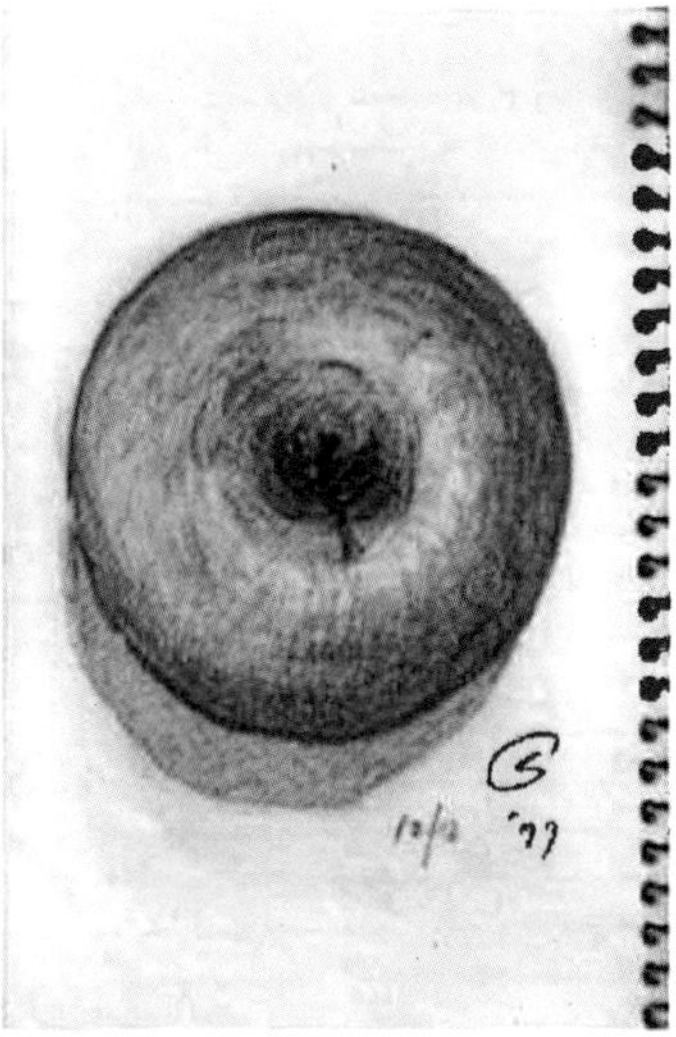

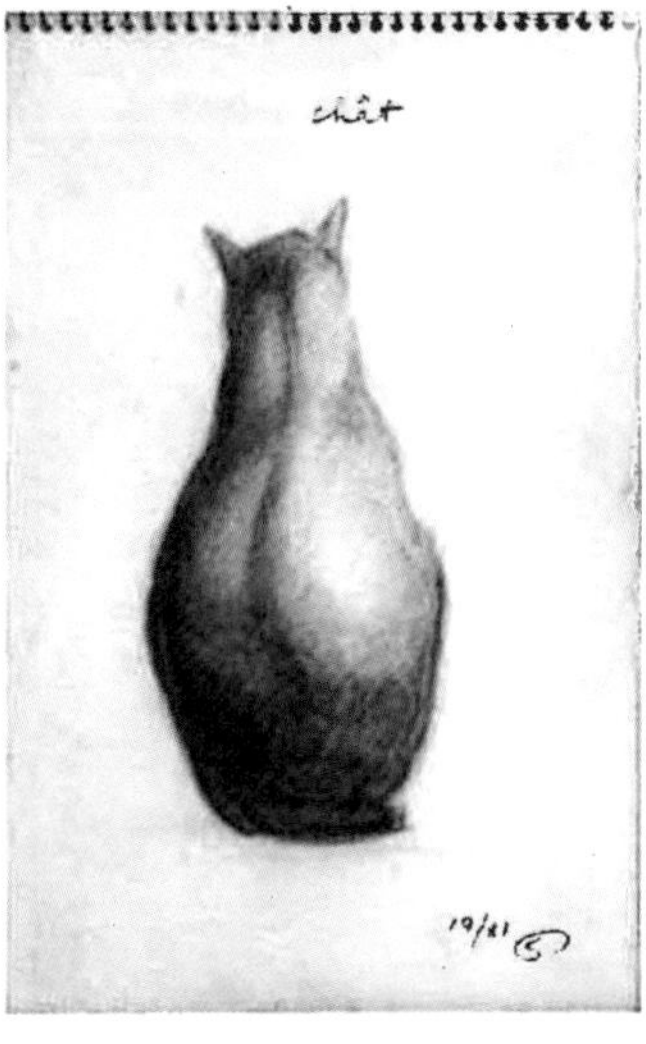

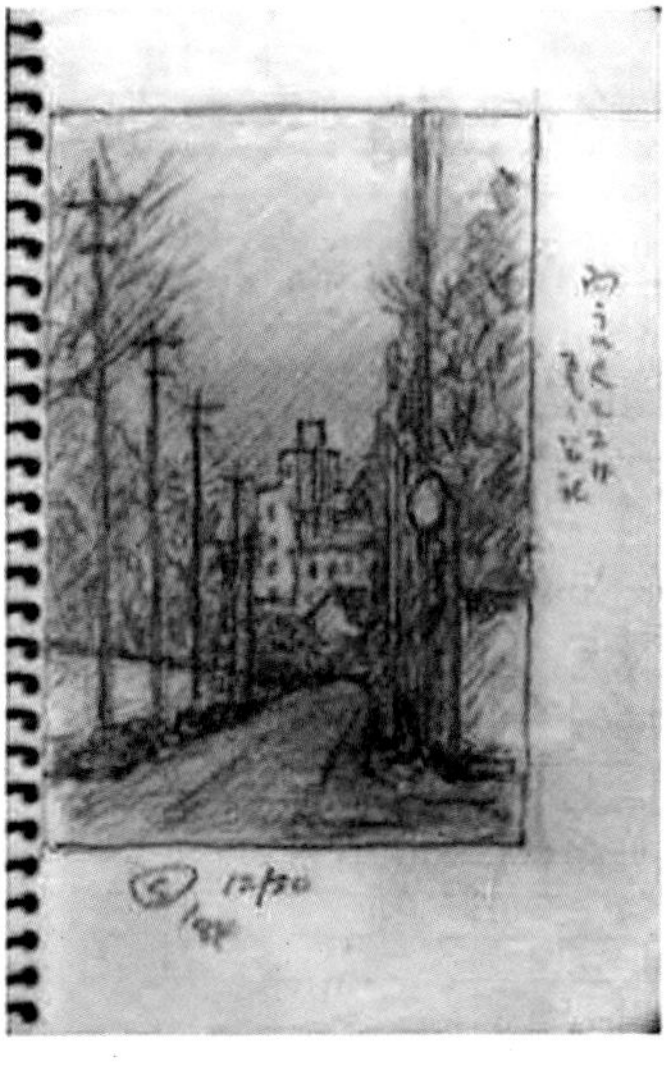

スケッチ帖から③

’80鉄線、’67福岡、’77パンダ、’77ペンギン、’63九十九里浜、’68柿

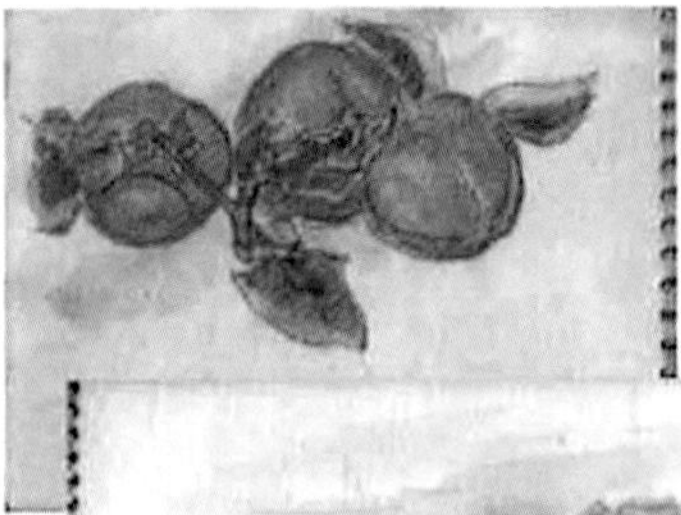

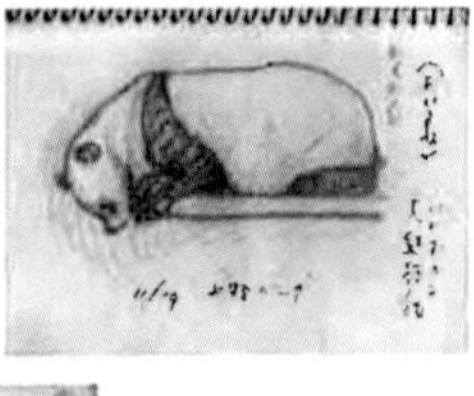

スケッチ帖から④

'69 PARIS、以下 3 点は '69 FIRENZE

スケッチ帖から⑤

'69 FIRENZE、'75 TOLEDO、'69 NURNBERG、'69 FIRENZE

スケッチ帖から⑥

'74 WIEN、'69 BERLIN、'77アテネ大学考古学教授、'75 MADRID

本書では、生理学者としての杉靖三郎（父）の出現には大きな偶然があった。父元吉と母時子との間には五男三女があった。たまたま養父母が相次いで亡くなったので、父は杉という名前だけを背負って、渡辺家に帰ってきた。出戻りの父は他の兄弟から帰って来やがったということで、冷たくあしらわれたが、元吉の第三女の影井だけが父をかばってくれた。父は将来庄家の番頭になっていたであろう、自分を想像するのが不愉快で、私が東大の大学院時代に私を連れて杉家に行って、盛大な法事を行って、杉家の養父母をお墓のお骨を取り出し、父が持っている東京都の八柱霊園に杉家の墓として埋葬した。杉家の墓として作ってそのまま十年ぐらい放置していたところ、隣の家から邪魔だという文句が出て、それから十年ぐらいして今度は隣の家が誰も尋ねる人がいなくなって、無縁仏になってしまって、逆にこちらが始末をする羽目になった。

あとがき

皆様のご協力により、このたび本書が刊行されることになりました。父の戦前、戦中の著作は春秋社より杉靖三郎選集として、当初全六巻の予定で次々と復刻出版されてまいりましたが、正法眼蔵に関する著作を集める予定だった第六巻は出版されずにおわりました。父は生前この出版のため原著にたんねんに訂正を加えておりました。父が出版を断念した理由は不明ですが、このことが本書を私がこのような形で編集する動機の一つとなりました。

近年自然科学研究は巨額な助成金を必要とするようになり、この結果として助成金を得るための情実が横行し、研究者は発表を焦り他の研究者の業績をたがいに抹消しようとします。この我が国の浅ましい有り様は、程度の差こそあれ世界各国で見られます。

私は研究者として四十年過ごしてまいりました。父の死去までは、研究者が業績をあげるのに「哲学」など無用と思っておりました。しかし父の死後、父の正法眼蔵に関する著作を読み返すうちに、現在の我が国の学問の目をおおう荒廃と不毛を是正するためには、哲学的、道徳的な理念が不可欠であると確信するようになりました。父の著作の時代には、このような研究費がらみの学問の荒廃は予想されておりませんでした。正法眼蔵中には、このような行為を戒める言葉も見出せるでありましょう。

父の巨人としての生涯の活動の軌跡は今や壮大な落日の残照のように感じられます。この残照が後生の人々にもとどくことを願って止みません。

おわりに、本書の編集に協力を惜しまれなかった私の研究室の白川伊吹、鈴木有加さんと、私の次女美加に感謝します。

杉　晴夫

【編著者紹介】

杉晴夫（すぎ・はるお）

残照
——「ストレス」概念を普及させた生理学の巨人・杉靖三郎

2024年1月31日発行

編著者 杉 晴 夫

発行者 海野有見

発行所 株式会社22世紀アート
〒103-0007
東京都中央区日本橋浜町3-23-1-5F
電話 03-5941-9774
Email: info@22art.net ホームページ：www.22art.net

発売元 株式会社日興企画
〒104-0032
東京都中央区八丁堀4-11-10 第2SSビル 6F
電話 03-6262-8127
Email: support@nikko-kikaku.com
ホームページ：https://nikko-kikaku.com/

印刷
製本 株式会社PUBFUN

ISBN：978-4-88877-281-5